Libro de Instrucciones de Origami para Niños Edición de Animales

Proyectos divertidos y fáciles para principiantes y adultos también

Ben Mikaelson

Tabla de Contenido

Libro de Instrucciones de Origami para Niños Edición de Animales 1
Tabla de Contenido 2
Introducción 5
Capítulo 1: Todo Sobre el Origami 7
Capítulo 2: Lo que Necesitarás 9
Capítulo 3: Cómo Hacer un Cuadrado de un Rectángulo 11
Capítulo 4: Unos Cuantos Pliegues 13
Capítulo 5: Símbolos para Empezar 22
Capítulo 6: Tigre (Cara) 24
Capítulo 7: Cerdo (Cara) 31
Capítulo 8: Bulldog (Cara) 36
Capítulo 9: Pez 42
Capítulo 10: Búho 48
Capítulo 11: Murciélago 55
Capítulo 12: Cachorro de Oso 62
Capítulo 13: León 72
Capítulo 14: Pingüino 81
Capítulo 15: Ornitorrinco 87
Capítulo 16: Gorila 96
Capítulo 17: Cisne 105
Capítulo 18: Jirafa 111
Capítulo 19: Ardilla 118
¡Te veo pronto! 127

© Copyright 2018, Todos los derechos reservados.

El siguiente libro electrónico se reproduce a continuación con el objetivo de proporcionar información lo más precisa y confiable posible. En cualquier caso, la compra de este libro electrónico puede considerarse como un consentimiento al hecho de que, tanto el editor como el autor de este libro, no son expertos en los temas tratados y que las recomendaciones o sugerencias que se hacen aquí son solo para fines de entretenimiento. Se debe consultar a los profesionales según sea necesario antes de emprender cualquiera de las acciones aprobadas en este documento.

Esta declaración se considera justa y válida tanto por la Asociación de Abogados Americanos como por el Comité de la Asociación de Editores y es legalmente vinculante en todo Estados Unidos.

Además, la transmisión, duplicación o reproducción de cualquiera de los siguientes trabajos, incluida información específica, se considerará un acto ilegal, independientemente de si se realiza de forma electrónica o impresa. Esto se extiende a la creación de una copia secundaria o terciaria del trabajo o una copia grabada, y solo se permite con el consentimiento expreso por escrito del Editor. Todos los derechos adicionales son reservados.

La información en las páginas siguientes se considera en general como una cuenta veraz y precisa de los hechos y, como tal, cualquier falta de atención, uso o mal uso de la información en cuestión por parte del lector hará que las acciones resultantes sean exclusivamente de su alcance. No hay escenarios en los que el editor o el autor original de este trabajo pueda ser considerado responsable de las dificultades o daños que puedan surgir después de comprometerse con la información aquí descrita.

Además, la información en las páginas siguientes está destinada solo para fines informativos y, por lo tanto, debe considerarse universal. Como corresponde a su naturaleza, se presenta sin garantía de su validez prolongada o calidad provisional. Las marcas comerciales que se mencionan se realizan sin consentimiento por escrito y de ninguna manera pueden considerarse un respaldo del titular de la marca.

Introducción

Felicitaciones por la descarga del "Libro de Instrucciones de Origami para Niños Edición de Animales: proyectos divertidos y fáciles para principiantes y adultos también". ¡Está a punto de embarcarse en una aventura increíble! Quizás ya se haya unido a mí en "Origami para Niños: Libro de Instrucciones fáciles de Origami Japonés para Niños", este fue el primer libro de la serie. ¡Si no, no te preocupes! Encontrarás que este libro es igual de divertido y fácil de seguir. El primer libro cubrió una variedad de proyectos, mientras que este libro cubre animales de todo tipo. Entonces, si eres un fanático del origami y los animales, este es sin duda el libro para ti.

Hay algo muy divertido y especial acerca de tomar un simple papel y transformarlo en algo admirable. En este libro, aprenderemos a hacer animales coloridos, dulces e incluso feroces (leones, tigres y osos, ¡oh!). Puedes hacer tus favoritos o hacerlos todos y tener tu propia jungla de papel. Decidas lo que decidas, encontrarás que cada proyecto aquí es fácil de seguir, hermoso y, sobre todo, ¡divertido! Hay pequeños tesoros escondidos en todo el libro, como datos divertidos sobre Japón y todo tipo de cosas geniales sobre nuestros amigos animales. Algunos de nuestros amigos aquí son un poco más difíciles de hacer, pero si no eres un experto en origami, ¡no te preocupes! Al igual que en el primer libro de la serie, estos proyectos progresan de lo más fácil a lo más difícil, así que tómate tu tiempo y disfruta de la aventura desde el principio. Cuando llegues al final del libro, serás un experto en origami animal.

A continuación, hay algunas instrucciones (¡con imágenes!) sobre los diferentes símbolos de plegado y los diferentes tipos de pliegues que realizaremos en nuestros proyectos de origami. Puedes volver a mirar estas secciones si se te olvida o si necesitas ayuda adicional. También aprenderás cómo hacer una hoja cuadrada de papel a partir de una rectangular, por lo que podrás usar casi cualquier tipo de papel que tengas en la casa. Eso significa que tendrás una mayor variedad de colores y patrones para elegir. ¡Tus animales van a ser increíbles y ciertamente únicos!

Hay muchos libros disponibles sobre origami. Te agradezco mucho que hayas elegido unirte a mí en este caso, ¡gracias! Sinceramente espero que disfrutes leyendo y haciendo cada diseño aquí. Si encuentras un momento en el que sonríes, mi trabajo está hecho. Comparte un poco de felicidad con amigos y familiares dando estos proyectos como regalos, enseñándole a alguien más cómo hacer origami, o incluso leyendo este libro con otros y aprendiendo a hacer origami juntos. ¡Es muy divertido hacerlo con los demás! ¿Estás listo para empezar? ¡Yo espero que sí! Aquí vamos…

Capítulo 1: Todo Sobre el Origami

Antes de comenzar a doblar y crear nuestras obras de arte con animales, hablemos un poco sobre qué es el origami y de dónde viene. Tal vez esta es la primera vez que lees sobre origami. Tal vez lo hayas leído antes, como en el primer libro de esta serie: Origami para Niños: Libro de Instrucciones fáciles de Origami Japonés para Niños. De cualquier manera, es bueno que mejores tu conocimiento e incluso que aprendas algo nuevo.

Origami (dicho como o-ri-ga-mi) es el trabajo japonés para el plegado de papel. "Ori" significa "plegar" y "gami" (kami en japonés) significa "papel". Ponlos juntos, y tienes "origami" que es "plegar papel", por supuesto. Sé que ya te diste cuenta de eso. El origami es una forma de arte que ha evolucionado y viajado a través de generaciones (desde adultos transmitidos a niños como tú, y cuando esos niños son adultos, se lo transmiten a los niños, y simplemente continúa) en todo Japón. Lo sé, probablemente ya lo sabías también. Pero lo que quizás no sepas es que el origami realmente comenzó en China, no en Japón. El papel era muy caro en aquel entonces, por lo que solo las personas con mucho dinero lo usaban, y algunos emperadores muy ricos practicaban el origami como un arte, y recibían papel y origami como regalos.

Después de un tiempo, el papel se hizo más asequible, y luego todos lo usaban para todo tipo de cosas. El origami se hizo cada vez más popular, principalmente en Japón, y realmente comenzaron a hacer algunas cosas increíbles. Japón realmente hizo del origami lo que es hoy. Ya que ahí es donde evolucionó y ganó popularidad, a pesar de que pudo haber comenzado en China, es una parte importante de la cultura japonesa. El origami se suele enseñar en casa como parte de la tradición japonesa.

El origami es algo más que arte ...

Así que ahora ya sabes dónde comenzó el origami y cómo ganó su popularidad y se extendió a Japón. Si bien hay obras de origami hermosas y elaboradas que ciertamente son obras de arte, los beneficios del origami no se detienen allí. Es realmente muy bueno para nuestra salud mental y física.

Los científicos han descubierto que realizar actividades que desafían nuestra mente y aquellas que se basan en nuestras habilidades y talentos existentes a través de una variedad de tareas, como rompecabezas y, como lo adivinaste, el origami, puede fortalecer el cerebro. El origami es una actividad que puede proporcionar tanto un estímulo mental como físico con un poco de ejercicio. Usar las manos para la actividad de contacto directo ayuda a estimular ciertas áreas del cerebro. El origami ayuda a desarrollar y fortalecer la coordinación mano-ojo, la concentración mental y las habilidades motoras finas. El plegado de papel se usa incluso en causas terapéuticas, como la terapia de arte y en la rehabilitación de accidentes cerebrovasculares y lesiones.

Dado que el origami tiene instrucciones detalladas, nos desafía a un nivel cognitivo a medida que aprendemos a seguir estas instrucciones, obtener nuevas habilidades y completar nuevas actividades. Cuando te involucras en el origami, se envían impulsos al cerebro que luego comienzan a activar los hemisferios izquierdo y derecho. Las áreas táctiles, motoras y visuales del cerebro se activan y se ponen en uso. Esto también estimula la memoria, el pensamiento no verbal, la atención, la comprensión 3D y la imaginación.

El origami también crea salud emocional adicional. Cuando aprendemos algo nuevo y creamos algo (como cualquiera de estos geniales animales de papel), obtenemos una sensación de satisfacción, orgullo y otras emociones que nos hacen sentir bien. Esto ayuda a aumentar la creatividad, la autoestima y la confianza. Todas estas grandes cosas solo por el simple plegado de papel.

Capítulo 2: Lo que Necesitarás

Una de las cosas que hace que el Origami sea tan especial es que no necesitas mucho. Un simple pedazo de papel puede transformarse, casi como por arte de magia, en algo completamente nuevo. ¿Quién sabía que un pedazo de papel podría convertirse en una jirafa, una ardilla, un pez y mucho más? Ciertamente yo no sabía, hasta que aprendí todo sobre este increíble arte.

Lo primero que necesitas para comenzar es algunas hojas cuadradas de papel. Los cuadrados y los rectángulos son parecidos, así que, ¿cómo saber cuál es un cuadrado? Buena pregunta. Cuando el papel es un cuadrado, los cuatro lados tendrán la misma longitud. Un rectángulo también tiene cuatro lados, pero dos lados son más largos que los otros dos. Mira la imagen de abajo y verás lo que quiero decir. Sin embargo, solo porque una hoja de papel es un rectángulo, no significa que no puedas usarlo, solo tienes que convertirlo en un cuadrado. En solo un minuto, aprenderás cómo hacer eso.

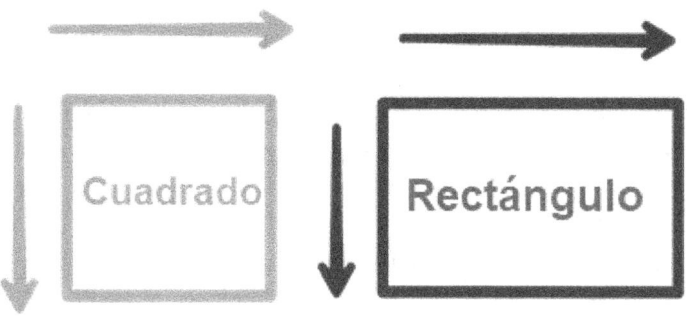

Hay papeles especialmente diseñados para origami con todo tipo de texturas, colores y patrones, pero realmente no necesitas nada especial, sobre todo para comenzar y practicar. Probablemente tengas un papel alrededor de la casa que es simplemente perfecto. Pídele a un adulto que te ayude a localizarlo si lo necesitas. Puedes utilizar cualquier color o patrón que desees. Incluso puedes utilizar un papel blanco liso. O toma un papel blanco y coloréalo tú mismo. Esto es especialmente agradable de usar para un regalo, además agrega algo de diversión extra. Puedes usar páginas coloridas de un libro antiguo (con permiso, ¡por supuesto!), papel de cuaderno y muchas otras cosas. ¡Sé creativo! Cuando seleccionas tu papel, no quieres usar algo demasiado grueso (como cartulina o papel de construcción grueso), porque es bastante difícil de doblar. Tampoco quieres algo demasiado delgado (como papel de seda o papel de envolver) porque se rasga con mucha facilidad. Aparte de eso, el cielo es el límite, ¡así que sé creativo y enloquece!

Una vez que tengas papel, busca una superficie plana para trabajar. No tiene que ser un escritorio; puedes hacer origami en cualquier lugar. Una mesa de café o una mesa de cocina son excelentes lugares y, por supuesto, un escritorio también es perfecto. Solo necesitas un área pequeña con una superficie plana para plegar. Incluso un escritorio de regazo funcionará.

Entonces, ¿tienes tu papel y un lugar para doblarlo? ¡Genial! Ahora, a algunas personas les gusta usar herramientas especiales para ayudar a hacer los pliegues muy apretados presionándolos más fuerte, pero no tienes que preocuparte por eso. Solo asegúrate de presionar firmemente cuando hagas tus pliegues.

Lo último que necesitas es quizás algo de paciencia. Cuando aprendes algo nuevo, puedes cometer errores o no entender de inmediato. ¡Está bien! Ciertamente no sabía estas cosas cuando era joven, y ahora aquí estoy haciendo un libro para enseñarte. ¡Tal vez algún día hagas tu propio libro! Sigue intentando y practicando, y pronto descubrirás que has aprendido a hacerlo. Recuerda tener paciencia con otras personas que también podrían estar tratando de aprender contigo.

Dato curioso: de un pino se puede hacer aproximadamente 80.500 hojas de papel. ¡Eso es un montón de origami!

Capítulo 3: Cómo Hacer un Cuadrado de un Rectángulo

¿Recuerdas cuando dije que podías hacer un cuadrado de un rectángulo? Ahora te voy a mostrar cómo. Para esto, necesitarás un par de tijeras. Si necesitas ayuda, pregúntale a un adulto.

Echa un vistazo a las imágenes de abajo con cada paso para hacer un cuadrado. Solo hay 3 pasos fáciles. Primero, deja tu papel plano.

Paso 1

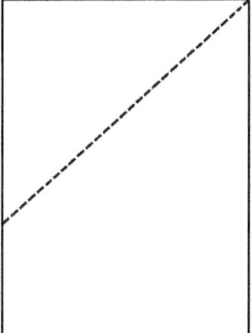

Pliegue # 1: dobla a lo largo de la línea de puntos, haciendo coincidir el borde con el otro borde.

Paso 2

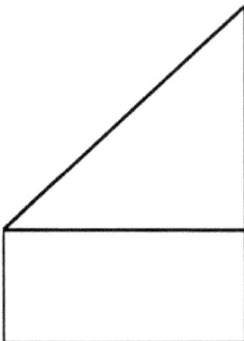

¿Ves la sección inferior, lejos del borde que doblaste hacia abajo? Recórtalo con tus tijeras.

Paso 3

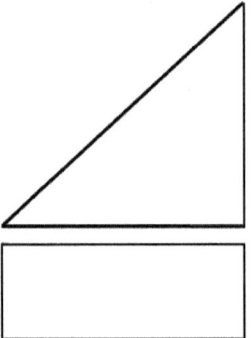

¡Desdobla tu papel y listo! Ahora tienes un cuadrado para trabajar.

Capítulo 4: Unos Cuantos Pliegues

Hay algunos pliegues en algunos de estos proyectos que son un poco más complicados que los básicos. Ahora, muchos ya conocen estos pliegues, pero por si acaso, aquí hay algo de ayuda adicional en caso de que la necesites. Comencemos por lo más básico y avancemos hacia arriba.

Cada pieza de origami usa lo que llamamos un pliegue de montaña y / o un pliegue de valle. Los has hecho muchas, muchas veces con otros proyectos que no tenían nada que ver con el origami, por lo comunes y fáciles que son.

El Pliegue de Valle: ¿Sabes qué es un valle? Es una "caída" más baja en la tierra. Es por eso que este pliegue se llama valle. Para hacer un pliegue de valle, se debe doblar el papel hacia arriba dentro de sí mismo, creando una forma de "v", o lo que parece una "caída" en el papel. Echa un vistazo.

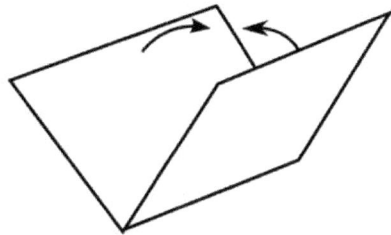

El Pliegue de Montaña: como un valle es bajo, una montaña es un punto alto o pico. El pliegue de montaña es básicamente lo opuesto al pliegue de valle. Para un pliegue de montaña, el pliegue se hace en la parte superior, y el papel se dobla sobre sí mismo hacia abajo, en lugar de hacerlo hacia arriba, formando una "v" inversa. Así es como se ve:

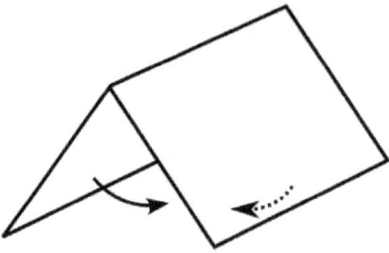

El Pliegue de Calabaza: el pliegue de calabaza es raro en este libro. Solo dos proyectos en este libro involucran el pliegue de calabaza. Al principio puede parecer un poco difícil, pero una vez que entiendes, ¡realmente no lo es! Es posible que ya hayas hecho un pliegue de calabaza antes y simplemente no te hayas dado cuenta de cómo se llamaba. Para hacer un pliegue de calabaza, haz palanca para abrir el papel y luego aplana (o aplasta) hacia abajo. Echa un vistazo al conjunto de imágenes a continuación. Estas imágenes muestran un ejemplo de una pieza usando un pliegue de calabaza. Tu primer pliegue de calabaza será con el proyecto del cachorro de oso, así que cuando llegues a él, consulta esta sección si lo necesitas.

Paso 1

Levanta la solapa que se va a aplastar hacia ti.

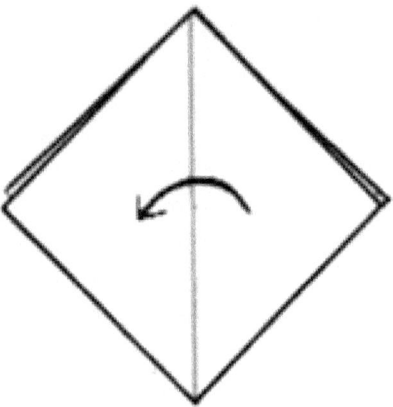

Paso 2 y 3

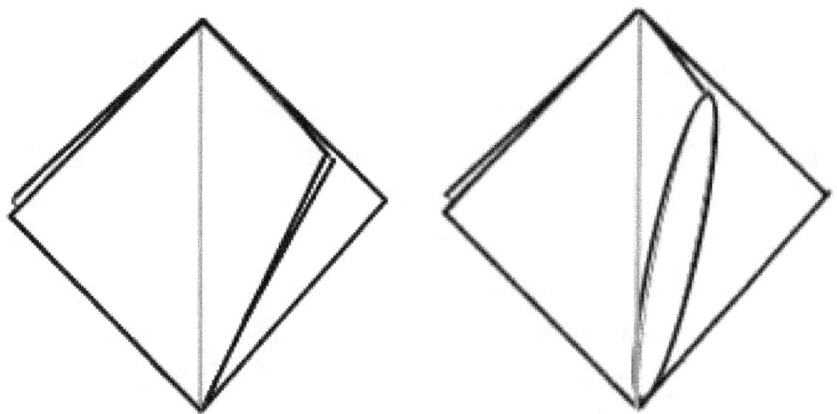

Separa las capas de papel.

Paso 4 y 5

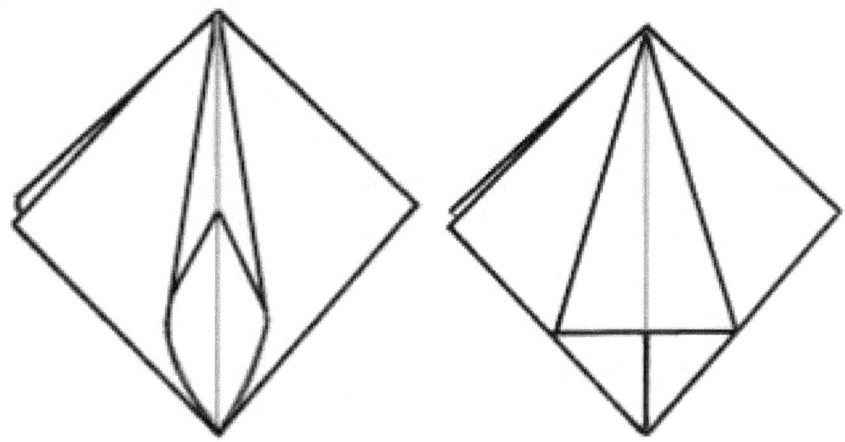

Con cuidado, presiona hacia abajo para aplastar el papel creando dos nuevos pliegues. Alinea el pliegue en la capa superior de papel con las capas de papel debajo.

El Pliegue de Bolsillo: el pliegue invertido interior, también llamado pliegue de bolsillo, es otro pliegue común hecho en origami. Para hacer este pliegue, sigue los pasos a continuación. Las imágenes aquí son para ayudarte a entender cómo funciona el pliegue; no estamos haciendo nada aquí, de verdad. Solo estamos aprendiendo los diferentes pliegues y practicando. Puedes volver a esta sección cuando lo necesites.

Paso 1

Toma una hoja cuadrada de papel y dóblala por la mitad para que se vea como se ve en la imagen de abajo. Luego dobla a lo largo de la línea de puntos, que también se indica en la imagen.

Paso 2

La imagen de abajo es el aspecto que debe tener tu papel después del primer paso. Ahora se desdobla, hacia donde indica la flecha.

16

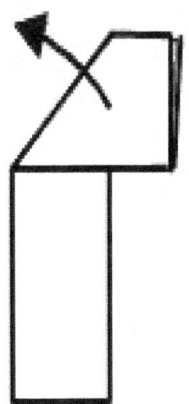

Paso 3

¿Ves la gran flecha negra? Dobla esa esquina hacia adentro y hacia abajo a lo largo de la línea de puntos, de modo que quede intercalada en el interior, como un bolsillo.

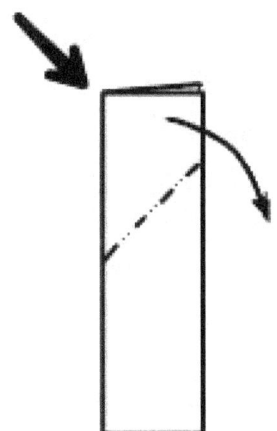

Paso 4

¡La imagen de abajo es como debería verse el resultado final! Hacer un pliegue y luego doblar el papel hacia adentro es siempre el punto del pliegue de bolsillo, que es lo que acabas de hacer.

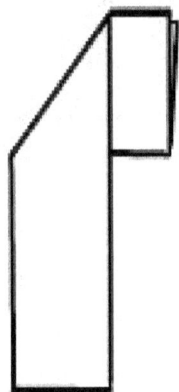

El Pliegue de Capucha: el pliegue inverso exterior, también llamado pliegue de capucha, es muy similar al pliegue de bolsillo. Mira las imágenes de abajo para ver las diferencias y similitudes.

Paso 1

Esta vez, dobla tu papel por la mitad de derecha a izquierda. Luego dobla a lo largo de la línea de puntos, como lo muestra la flecha en la imagen de abajo.

Paso 2

Ahora desdobla el paso anterior, como se muestra a continuación otra vez por la flecha.

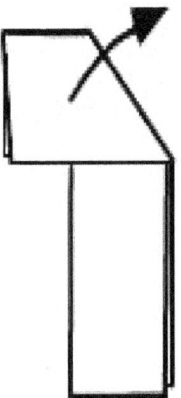

Paso 3

Dobla nuevamente a lo largo de la línea de puntos que se muestra a continuación, pero esta vez hazlo mientras abres el papel y presionas la mitad inferior (la sección debajo de la línea de puntos) hacia arriba y hacia adentro. Eche un vistazo al paso 4 para que veas a qué me refiero y cómo debería verse.

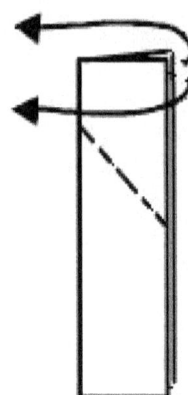

Paso 4

Este es el aspecto que debe tener tu papel cuando hayas completado el paso 3. No te olvides, siempre puedes pedir ayuda si tienes algún problema. ¡La conseguirás en cualquier momento!

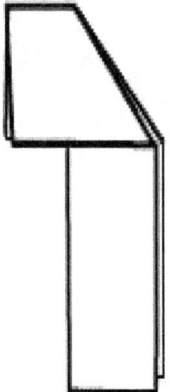

El Pliegue Escalonado: al igual que los otros pliegues, el pliegue escalonado se llama así porque se asemeja al escalón de una escalera. Para esto, practicaremos en una hoja cuadrada de papel, tal como la usamos con todo el origami.

Paso 1

Comienza con un pliegue de montaña, doblando un segmento del papel hacia atrás, donde indica la pequeña línea de puntos que está en la imagen de abajo. Da vuelta al papel (esto no siempre es necesario o posible con cada proyecto de origami, pero para aprender el pliegue, ¡esto ayuda!).

Paso 2

Usando el mismo segmento que doblaste hacia atrás, haz un pliegue en la línea de puntos más gruesa que se muestra en la imagen de abajo y devuelve el papel a su posición original girándolo.

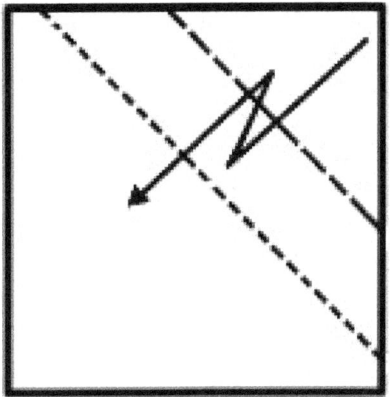 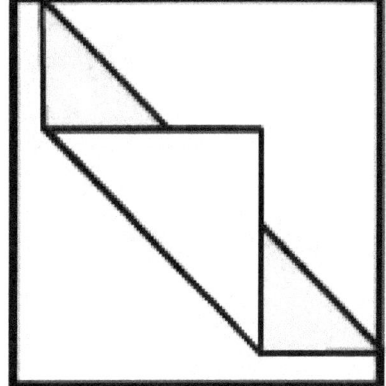

Capítulo 5: Símbolos para Empezar

Cada proyecto en este libro tiene instrucciones escritas, así como imágenes para ayudarte a doblar lo mejor que puedas. Las imágenes también tienen algunos símbolos especiales para ayudarte a entender lo que está pasando en las imágenes. Antes de comenzar con nuestro primer amigo animal, te mostraré cada símbolo que puedes ver y te explicaré lo que significan. ¡No te preocupes, es más fácil de lo que parece!

Aquí está nuestro primer conjunto de símbolos:

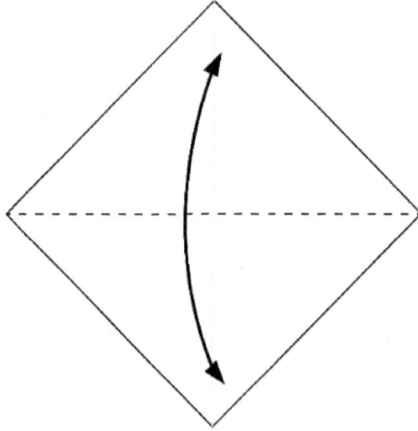

¿Cuántos símbolos crees que ves? Hay tres aquí. Primero, la línea de puntos en el medio de izquierda a derecha. ¿Míralo? Una línea de puntos significa que aquí es donde se dobla y se desdobla. Ahora, ¿ves la línea gris sólida que va de arriba a abajo? ¡Tienes un buen ojo! Esta línea continua te muestra dónde debe estar el pliegue de los pliegues que realizas. Por último, en esta imagen, ves una flecha. La flecha te muestra en qué dirección necesitas doblar.

Ahora veamos el siguiente símbolo:

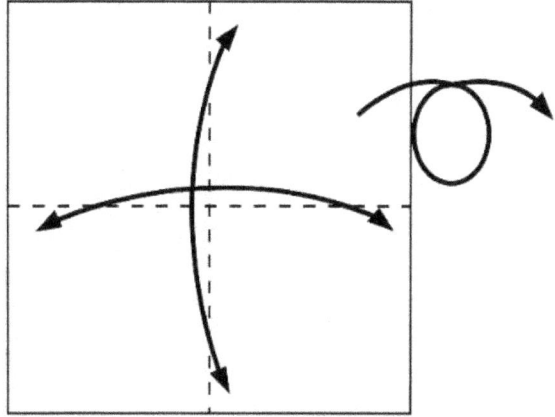

Aquí, puedes ver dos conjuntos de flechas. ¿Recuerdas lo que significan? Si crees que muestra en qué dirección doblar, ¡tienes razón! Ahora, ¿ves la flecha con un bucle? Cuando veas esta divertida flecha descabellada, significa que debes girar el papel hacia el otro lado.

Hay más símbolos que aprender a medida que vas mejorando, pero por ahora, esto es todo lo que necesitamos saber para comenzar a hacer animales adorables y feroces. ¡Espero que estés tan emocionado de aprender como yo lo estoy de enseñarte! ¿Estás listo? ¡Aquí vamos!

Capítulo 6: Tigre (Cara)

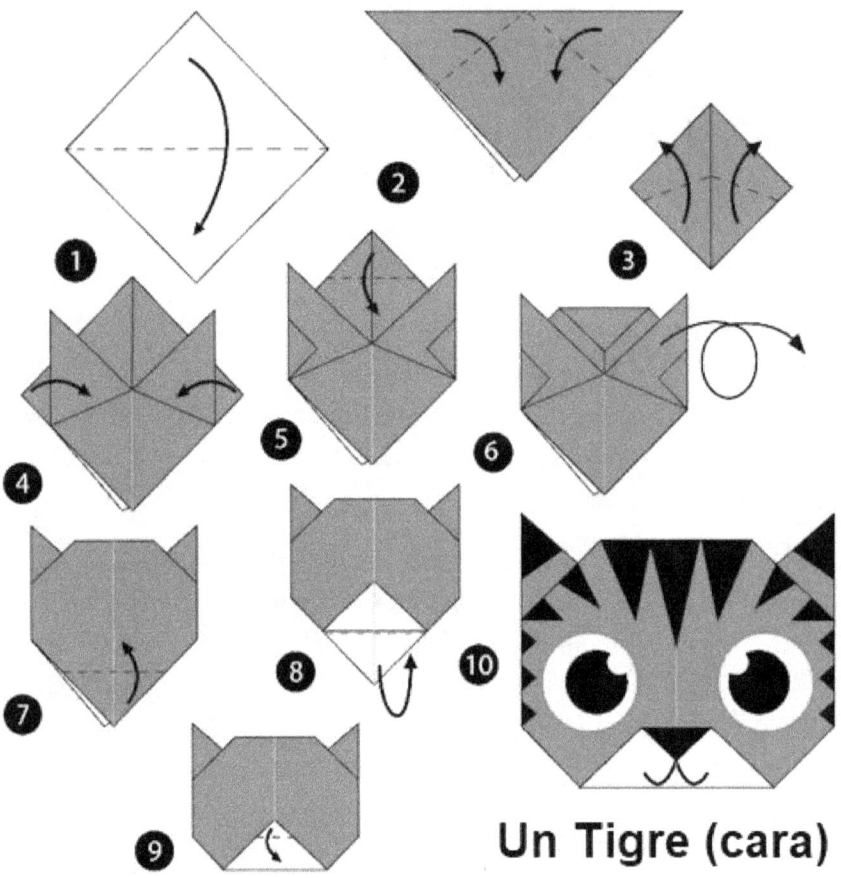

Un Tigre (cara)

¡Este adorable rostro de tigre es el primer proyecto de origami que recuerdo haber hecho! Comienza con el papel plano sobre la superficie de trabajo con el color o el lado del patrón hacia abajo. Si solo tienes papel blanco, eso también está bien.

Paso 1

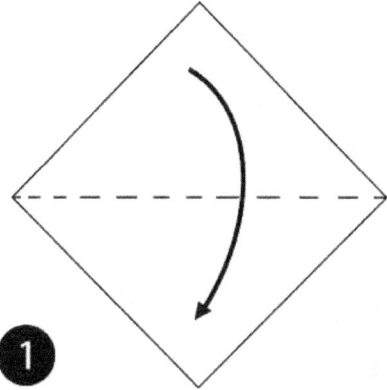

Dobla por la mitad de arriba a abajo, a través de las líneas de puntos.

Paso 2

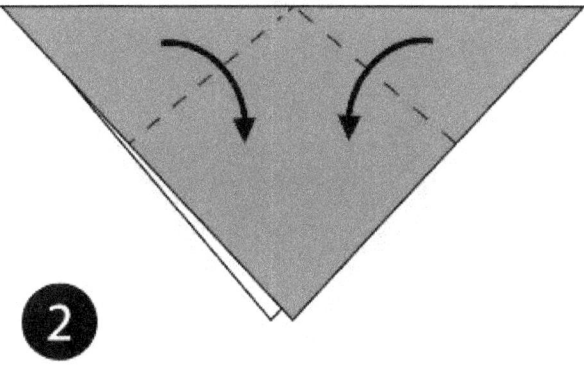

Dobla la punta izquierda hacia el centro. Repite esto con la punta derecha, para que se encuentren en el centro. Los pliegues estarán donde veas las líneas de puntos.

Paso 3

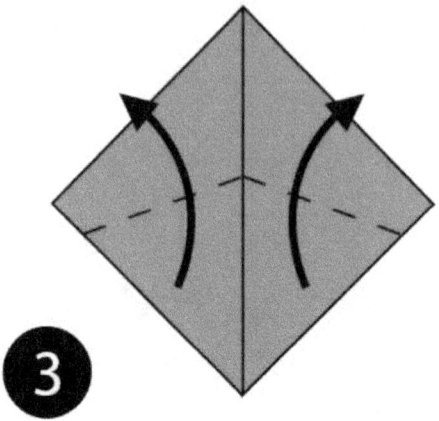

Dobla la parte izquierda hacia arriba y hacia afuera un poco hacia la izquierda. Repite esto con la parte derecha. Puedes ver cómo se ve mirando la siguiente imagen.

Paso 4

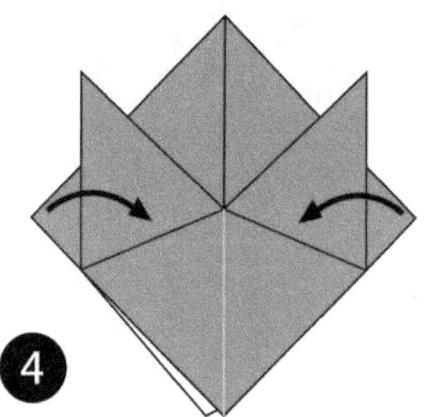

Dobla la punta izquierda como se muestra en la imagen. Repite con la punta derecha. Asegúrate de doblar bien.

Paso 5

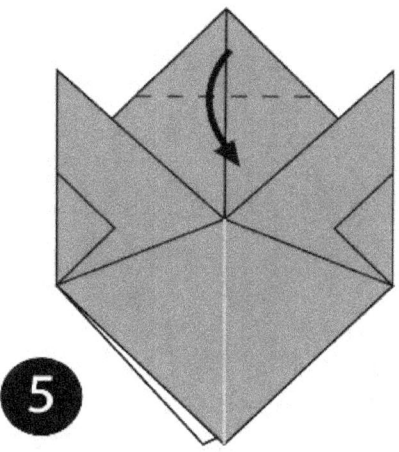

Dobla la punta superior hacia abajo, siguiendo la línea de puntos. Dobla bien.

Paso 6

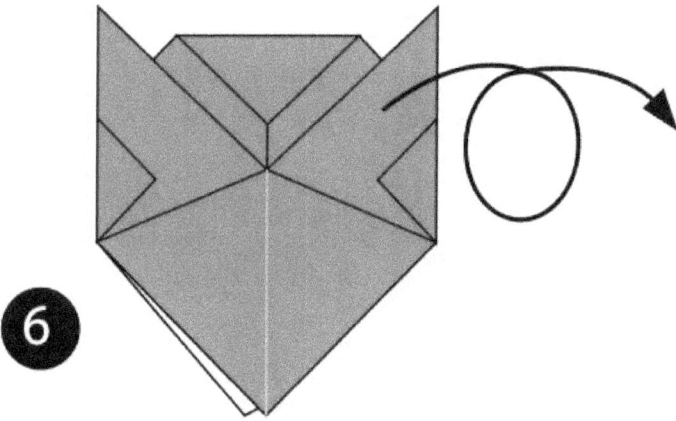

Da la vuelta a todo el proyecto, como se muestra en la imagen.

Paso 7

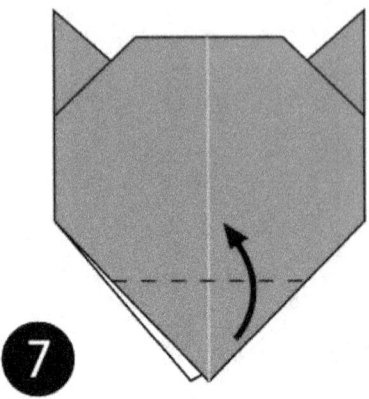

Dobla solo la capa superior de papel (no ambas capas de papel) hacia arriba.

Step 8

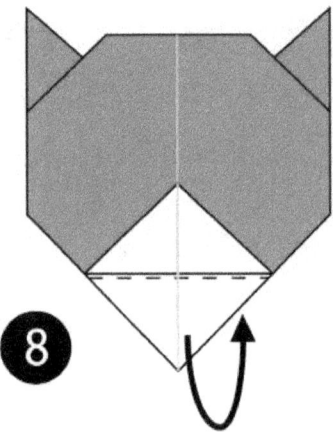

Ahora tienes una punta doblada hacia arriba con una capa y una capa apuntando hacia abajo. Dobla la punta en la parte inferior hacia atrás, detrás de todo. Dobla bien.

Paso 9

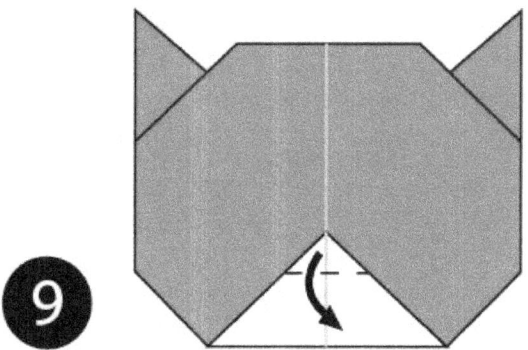

Ahora dobla la extremidad de la punta en la parte superior hacia abajo como se muestra para hacer la nariz del tigre.

Paso 10

Un Tigre (cara)

¡Has terminado de plegar tu cara de tigre! Ahora puedes agregar las rayas, nariz y ojos de tu tigre. También puedes decidir que tal vez esto no sea un tigre y colorearlo como un jaguar, una pantera negra o un gato doméstico.

Dato curioso: El tigre es la especie más grande de la familia de gatos. Pueden alcanzar una longitud de hasta 11 pies y pesar hasta 660 libras. ¡Eso es un gato grande!

Sabías que... la palabra japonesa "kami" para papel también puede significar "espíritu" o "Dios". Esto se debe a que el origami se usó originalmente en ceremonias espirituales o religiosas. Hoy en día, se utiliza para todo tipo de cosas.

Capítulo 7: Cerdo (Cara)

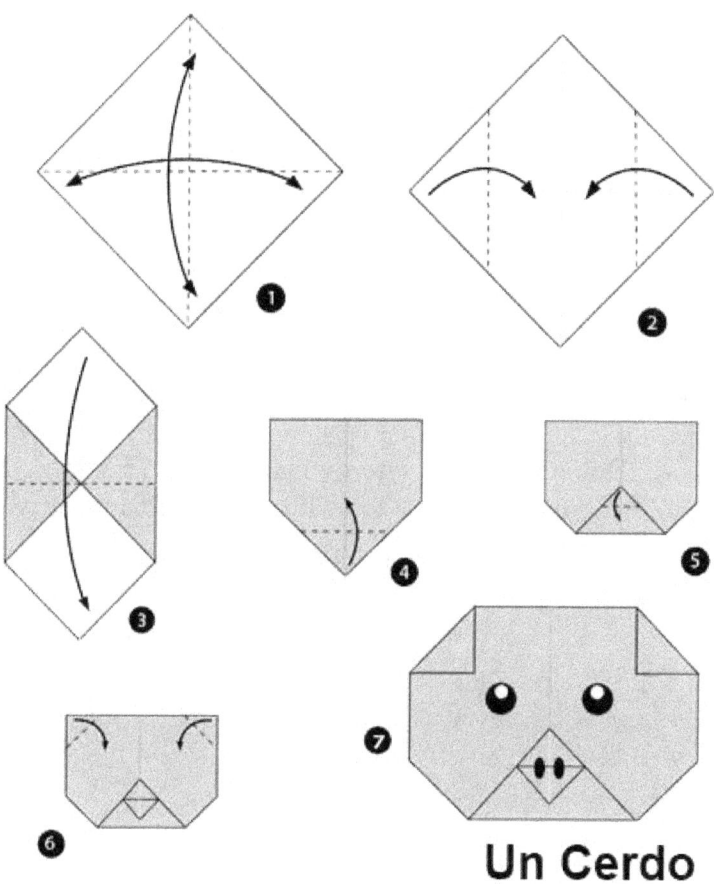

Oink! Oink! Aquí hay otra cara de animal adorable para agregar a tu colección. Al igual que el tigre, este cerdito es muy fácil de hacer. Comienza con el papel plano sobre la superficie de trabajo con el color o el lado del patrón hacia abajo, en forma de diamante.

Paso 1

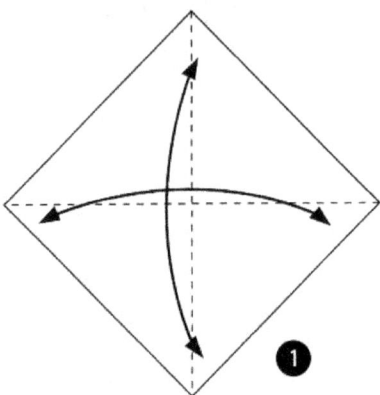

Dobla la esquina izquierda en línea recta hacia la derecha, como se muestra por la línea de puntos. Dobla bien, luego desdobla.

Pliegue #2: Dobla la esquina inferior hacia la parte superior, donde se muestran las líneas de puntos. Dobla bien y desdobla de nuevo.

Paso 2

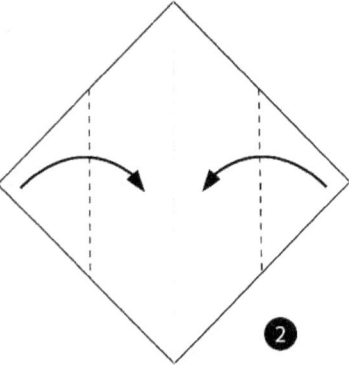

Ahora deberías tener pliegues donde se muestran las líneas grises sólidas en la imagen. Dobla la esquina izquierda hacia el centro, y dobla bien. Ahora dobla la esquina derecha de la misma manera, para que se encuentren en el centro.

Paso 3

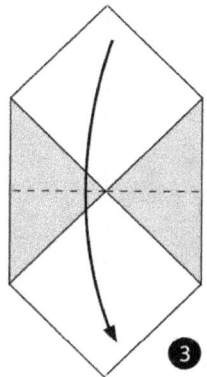

¿Ves la flecha en la imagen? Dobla la punta superior hasta la punta inferior, como se muestra por la flecha. Estás doblando el proyecto a la mitad.

Paso 4

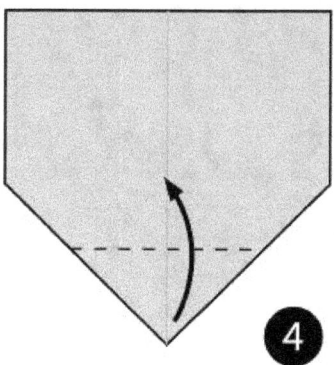

Dobla la punta inferior hacia arriba como se muestra en la imagen. Dobla bien.

Paso 5

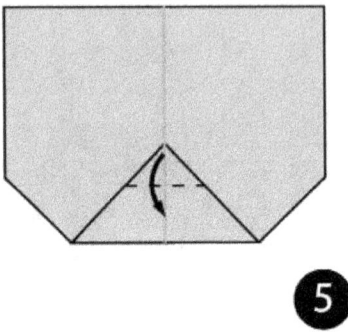

Dobla la punta superior hacia abajo, como se muestra en la imagen. Este va a ser el hocico de tu cerdo.

Paso 6

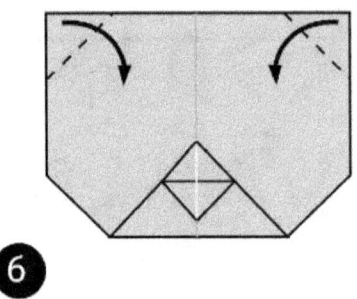

Dobla a lo largo de la línea de puntos en el lado izquierdo como se muestra, y repite lo mismo en el lado derecho. Estas son las orejas.

Paso 7

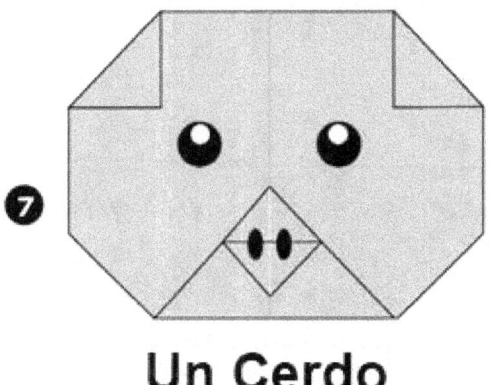

Un Cerdo

¡Y ya terminaste! Ahora puedes darle un poco de detalle a la cara de tu cerdo dibujando sus ojos y agujeros en su hocico.

Dato curioso: los cerdos son uno de los animales domesticados más inteligentes, ¡incluso más inteligentes que los perros!

Sabías que... el papel se inventó por primera vez en China en 105 CE. Primero fue hecho de la planta de cáñamo.

Capítulo 8: Bulldog (Cara)

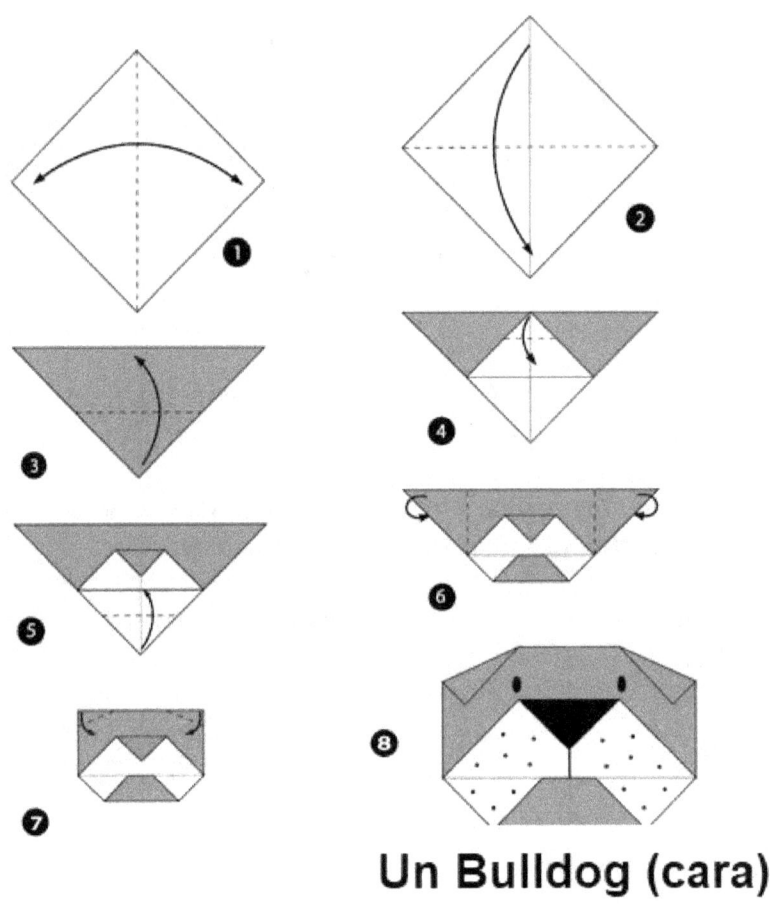

Un Bulldog (cara)

¡Hasta ahora, tenemos un tigre, un cerdo y ahora es el momento de agregar un perro a la mezcla! ¿Y qué mejor perro para agregar que un bulldog? Para hacer esta cosa tan adorable, comienza con el papel plano sobre la superficie de trabajo con el color o el lado del patrón hacia abajo y con el papel en forma de diamante.

Paso 1

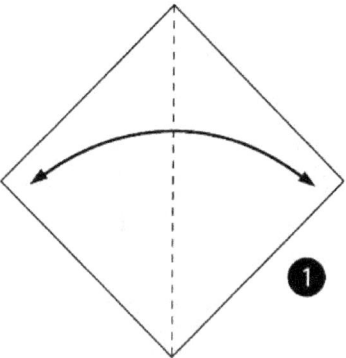

Dobla tu papel por la mitad a lo largo de la línea de puntos como se muestra, doblando por la mitad de izquierda a derecha. Dobla bien, luego desdobla.

Paso 2

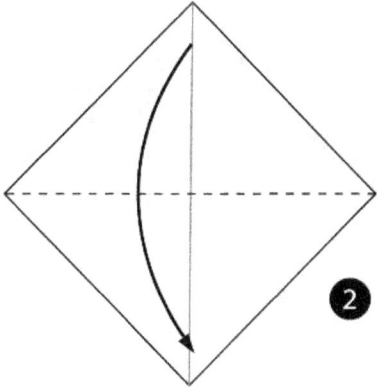

Tal como lo hiciste en el paso uno, doblarás el papel por la mitad nuevamente aquí, pero esta vez doblando de arriba a abajo, como se muestra. Dobla bien, y esta vez lo dejamos doblado.

Paso 3

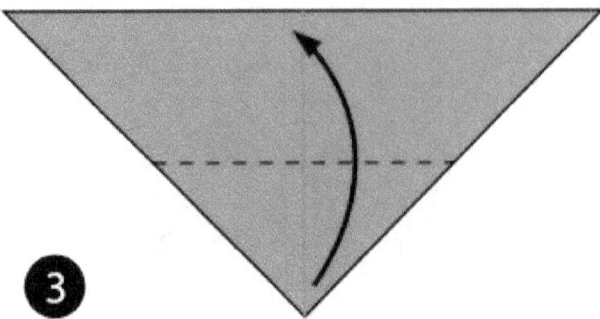

Dobla la capa superior de la punta inferior hacia arriba para que toque el borde superior. Puedes ver lo que quiero decir observando la imagen en el paso 4.

Paso 4

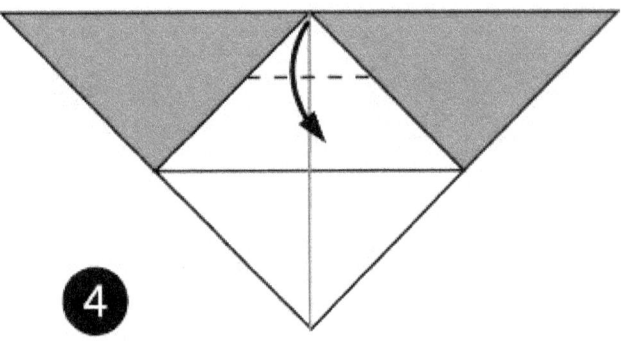

Ahora dobla la punta superior hacia el centro, como se muestra por la línea de puntos.

Paso 5

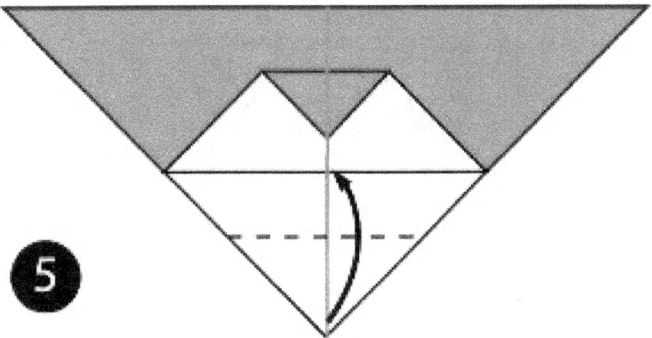

¿Ves la línea de puntos en este paso? Dobla la punta inferior hacia arriba a lo largo de la línea de puntos como se muestra, y dobla bien. Y luego coloca una pequeña porción del papel como se muestra en la siguiente imagen.

Paso 6

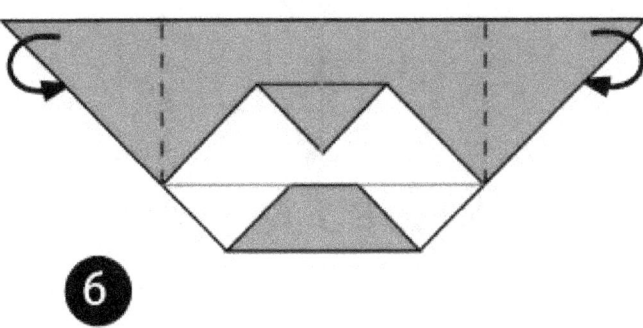

Dobla hacia atrás a lo largo de la línea de puntos en el lado izquierdo como se muestra. Luego repite este mismo pliegue en el lado derecho, para que coincidan.

Paso 7

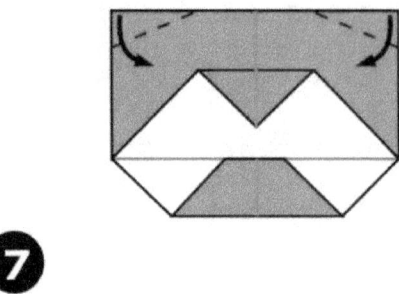

¿Ves las líneas de puntos en ambos lados? Dobla hacia abajo a lo largo de ellas como se muestra en la imagen.

Paso 8

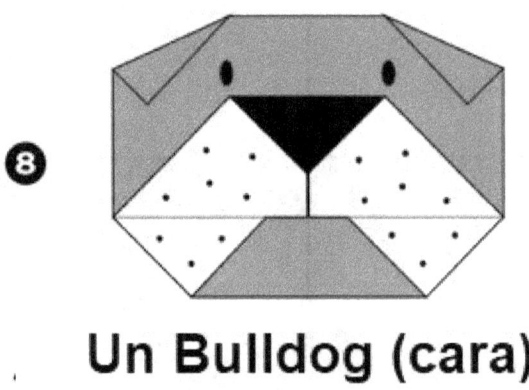

Un Bulldog (cara)

Tu cara de bulldog está lista para tener sus características y detalles dibujados. ¿Cómo se verá tu perro? Tal vez tenga ojos adormecidos, o los que estén bien despiertos. ¿Tiene tu perro una nariz negra o una rosa? ¡Tal vez tiene manchas!

Dato curioso: los Bulldogs son valientes, leales y tranquilos, lo que los convierte en grandes miembros de la familia de peludos. Son buenos perros guardianes, pero también les encanta estar cerca de su familia y abrazarlos.

Sabías que... el Origami tiene un fuerte vínculo con las matemáticas, y se ha utilizado para desarrollar cosas como las bolsas de aire en los autos.

Capítulo 9: Pez

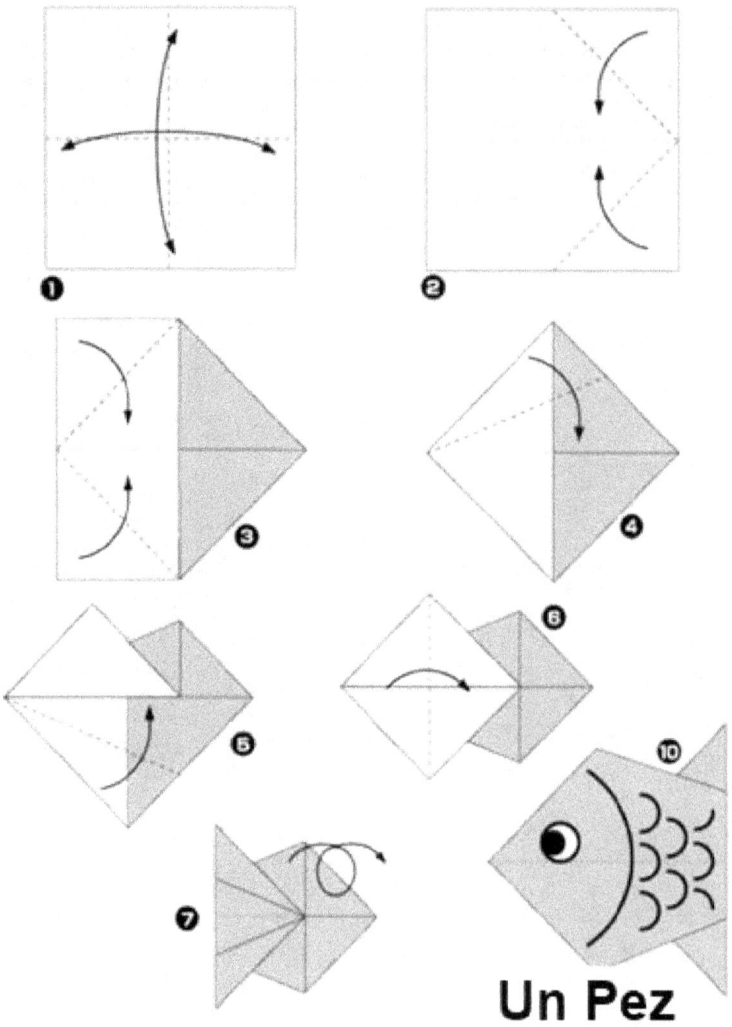

Un Pez

Como en la mayoría de los proyectos, comienza con el papel plano sobre la superficie de trabajo, con la cara de color (o patrón) hacia abajo. El color o patrón será el color de tu pez. Posiciona tu papel para que sea un cuadrado.

Paso 1

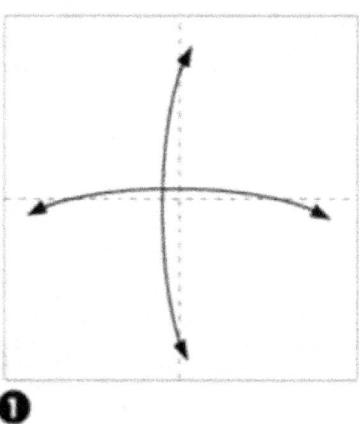

Dobla por la mitad de arriba a abajo, a través de las líneas de puntos. Dobla bien, y desdobla. Ahora dobla por la mitad de izquierda a derecha, dobla bien y desdobla de nuevo. Este paso es muy fácil, simplemente estás haciendo dos pliegues y luego desdoblándolos. ¡Este es tu primer paso para crear tu pez!

Paso 2

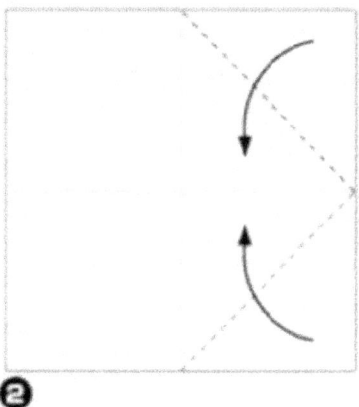

¿Ves las líneas de puntos en la imagen? Ahora debes tener una forma de cruz en el centro del papel donde se formaron los pliegues; estos se muestran con las líneas grises. Dobla la esquina inferior derecha hasta el centro de la cruz. Haz lo mismo con la esquina superior derecha, doblando también la esquina superior derecha hacia el centro.

Paso 3

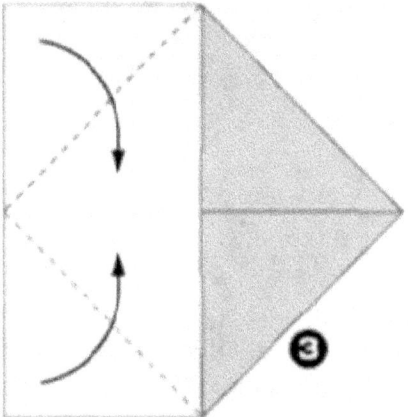

Repite los pliegues tercero y cuarto en el lado izquierdo del papel, como se muestra en la imagen, pero en lugar de doblarlos para que se unan en la parte delantera, dóblalos hacia atrás hasta el centro de la cruz en la parte posterior. Ahora deberías tener un cuadrado doblado que es la mitad de un color, y la mitad de otro (si la parte frontal y posterior de su papel son de diferentes colores, por supuesto).

Paso 4

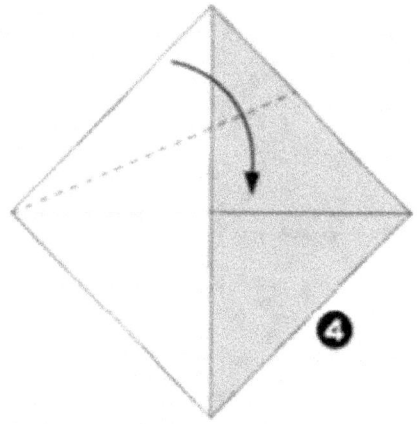

Siguiendo la flecha, dobla a través de la línea de puntos haciendo que el borde se junte en el medio. Esto hará que la parte que doblas hacia atrás forme una "solapa" en la parte frontal.

Paso 5

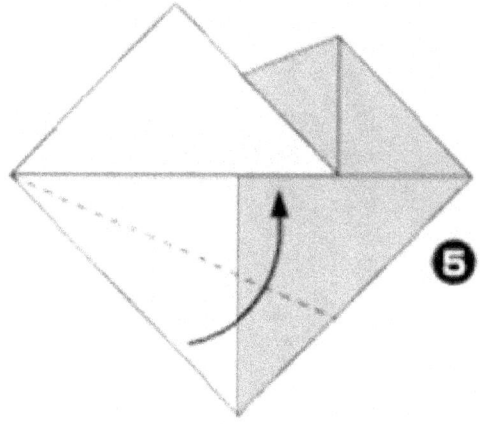

Repite el paso cuatro en el lado inferior izquierdo, como se muestra, doblando la esquina inferior hacia el centro, siguiendo la línea de puntos. Esto formará una segunda "solapa". Ambas solapas juntas ahora forman un cuadrado.

Paso 6

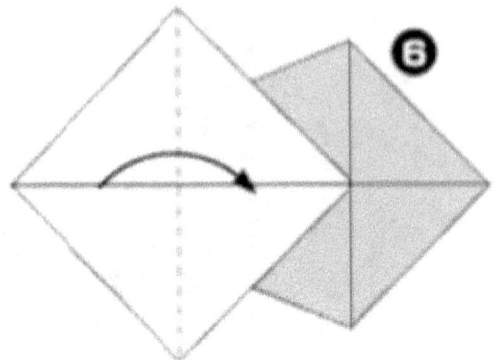

Ahora dobla la punta izquierda del cuadrado formado por las solapas para encontrar la otra punta del cuadrado.

Paso 7

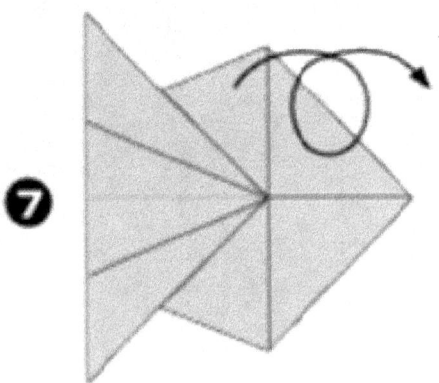

Da la vuelta a toda la pieza.

Paso 8

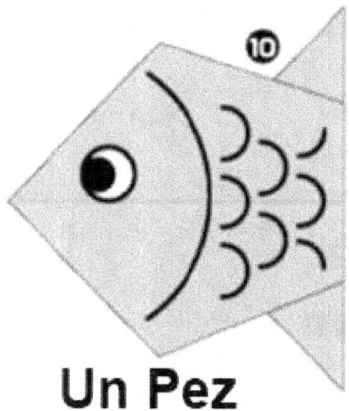

Un Pez

¡Ta-da! ¡Todo listo! ¡Has hecho tu primer pez origami! Ahora puedes personalizar tu pez a tu gusto. ¡Tal vez incluso puedas hacer algunos peces amigos!

Dato curioso: ¡Los peces han existido por más de 450 millones de años, incluso antes que los dinosaurios!

Sabías que... el primer libro sobre el origami se publicó en 1797. Se llamaba 'Sembazuru Orikata' (plegado de las mil grullas) y fue escrito por Akisato Rito. En lugar de instrucciones para plegar papel, el libro hablaba de las diferentes costumbres y tradiciones culturales de Japón.

Capítulo 10: Búho

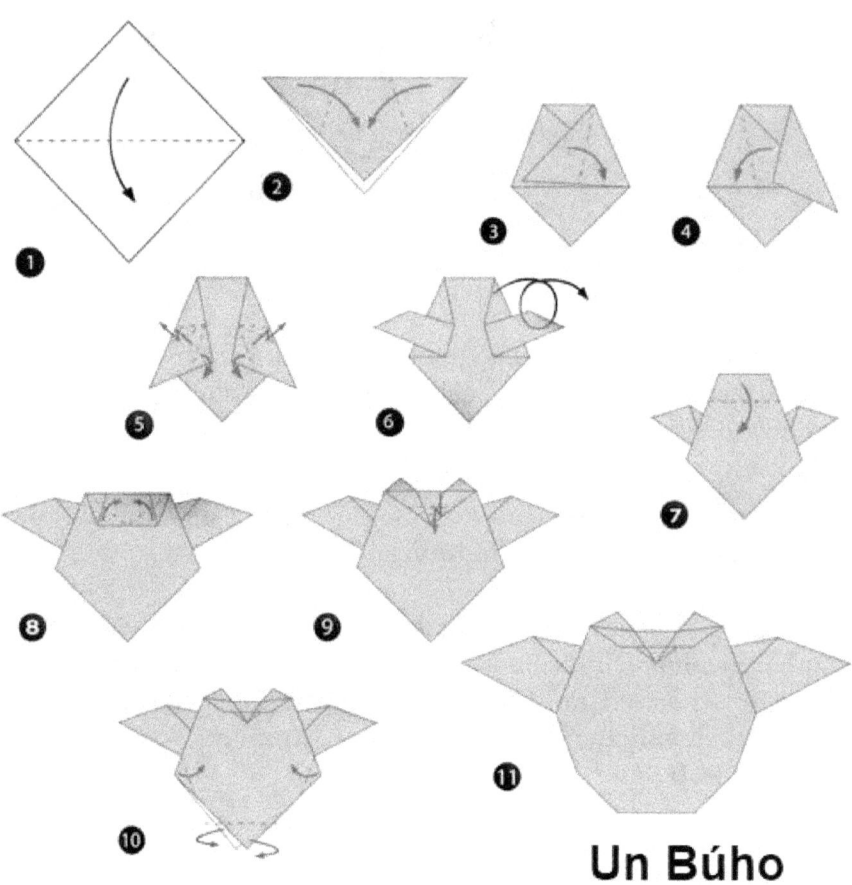

Un Búho

Comienza con el papel plano en la superficie, con el color (o el patrón) hacia abajo, con la forma de un diamante. Al igual que nuestros otros animales, el color o patrón hacia abajo pronto se convertirá en el color de las "plumas" de tu búho.

Paso 1

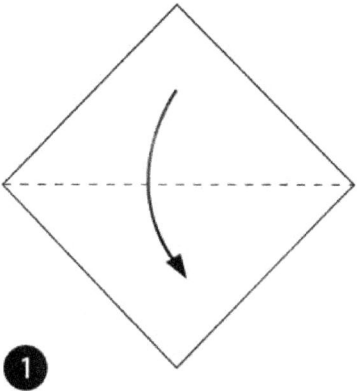

Dobla tu papel por la mitad de arriba a abajo, como se muestra por la línea de puntos.

Paso 2

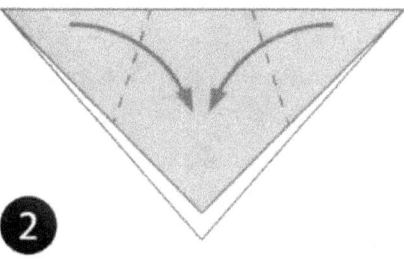

¿Ves las líneas de puntos y las flechas? Dobla la esquina izquierda de manera que la punta toque el borde opuesto, como se muestra en la imagen de abajo. Luego haz lo mismo con la esquina derecha, para que se superpongan en el centro. Recuerda doblar bien.

Paso 3

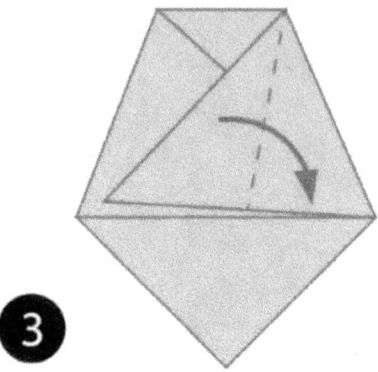

Dobla hacia atrás a lo largo de la línea de puntos siguiendo la dirección de la flecha, como se muestra en la imagen. Puedes ver cómo debería verse en el paso 4.

Paso 4:

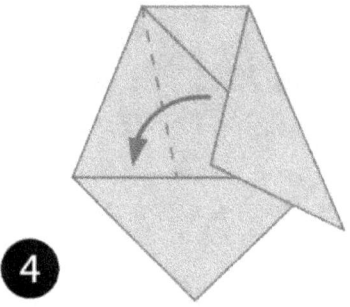

Al igual que en el paso tres, dobla la solapa que descansa debajo del lado que acabas de doblar siguiendo las líneas de puntos nuevamente. Estas son las alas de tu Búho.

Paso 5

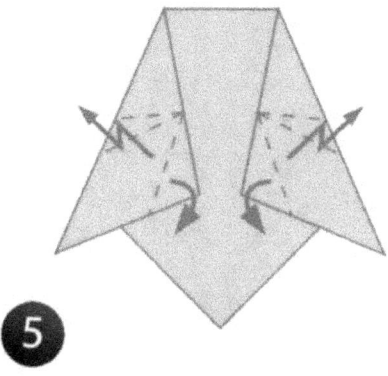

Ahora tenemos que terminar las alas. Echa un vistazo a las líneas de puntos que están más hacia el centro de tu pieza, junto con las dos flechas en el centro. Dobla cada punta hacia atrás y debajo del resto de las solapas. Dobla bien ¿Ahora ves las líneas de puntos restantes con las flechas en zig-zag en cada lado? Realiza un pliegue escalonado en el lado izquierdo y luego repita en el lado derecho. Puedes mirar la imagen en el paso 6 para ver cómo debería verse.

Paso 6

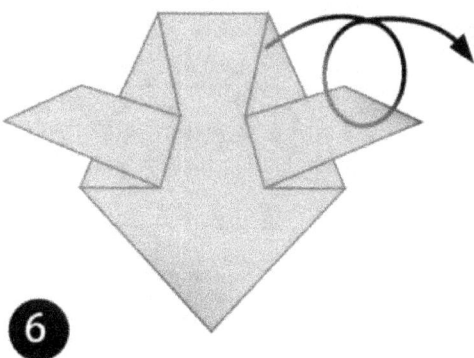

¡Ok, esto no es realmente un pliegue! Solo da vuelta a la pieza entera de origami. ¡Muy fácil!

Paso 7

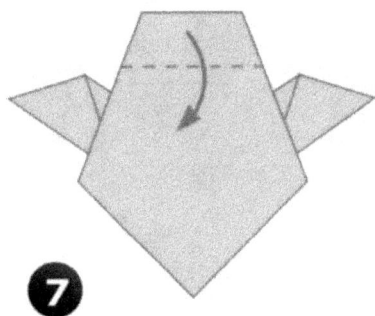

Dobla la parte superior hacia abajo, como muestra la línea de puntos y la flecha. ¡Dobla bien aquí, estamos haciendo la cara del búho!

Paso 8

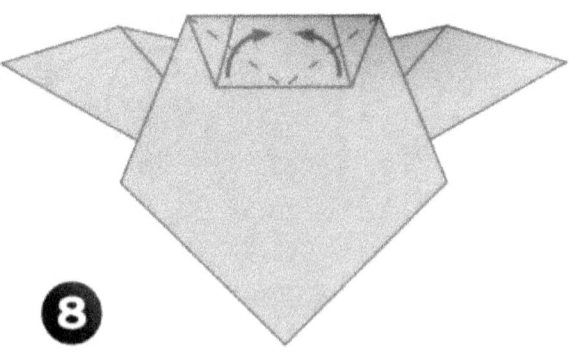

Sigue las líneas de puntos a la izquierda y dobla la esquina hacia arriba para que toque el borde superior. Repite esto para el lado derecho. Dobla bien

Paso 9

Esto puede parecer un poco complicado porque está en un área pequeña, pero realmente no lo es. Esto es sólo un pliegue escalonado. Recuerda que siempre puedes consultar la sección de pliegues hacia el comienzo del libro si necesitas actualizar tu memoria.

Paso 10

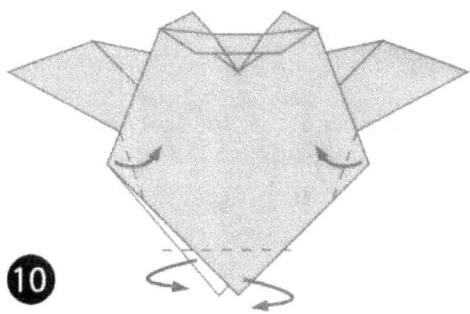

¿Ves las flechas en cada esquina lateral? Dobla estas dos esquinas hacia atrás a lo largo de las líneas de puntos y pliega bien. Ahora, ¿Ves cómo hay dos capas de papel en la parte inferior? Dobla la capa superior hacia atrás para que esté doblada hacia adentro. Luego dobla la capa inferior restante hacia arriba para que también quede en el interior.

Paso 11

Un Búho

¡Ta-da! ¡Tu búho ya está completo! Puedes agregar algunas líneas de textura para las plumas, o dejarlas como están. Dibuja algunos rasgos faciales y decora tu búho como quieras. ¡Diviértete!

Dato curioso: ¡No hay búhos en la Antártida! Hace demasiado frío, incluso para ellos. ¿Puedes pensar en algunos animales que viven en la Antártida? ¿Hay alguno en este libro?

Sabías que... el Libro Guinness de los Récords Mundiales tiene docenas de registros relacionados con el arte del origami, como el objeto que se hizo con más pliegues, el más pequeño y el más grande, el tiempo más rápido para plegar 100 grullas y más.

Capítulo 11: Murciélago

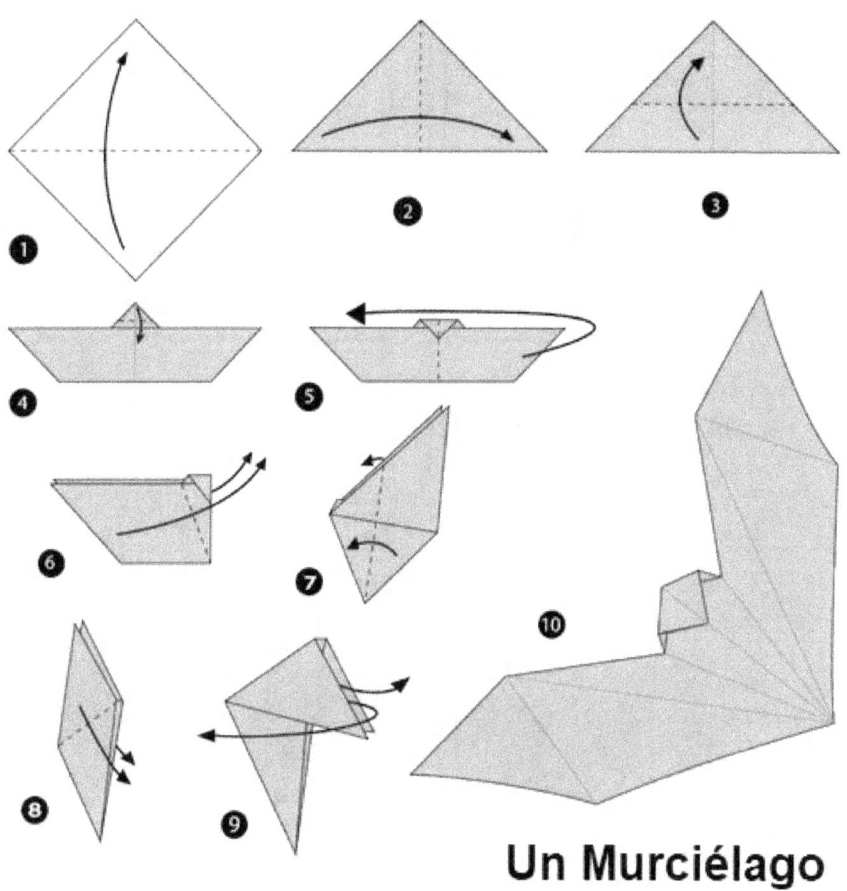

Un Murciélago

Comienza con tu hoja de papel cuadrada plana sobre la superficie de trabajo con el lado del color (o patrón) hacia abajo (este será el exterior o el color del "pelaje" de tu murciélago). Colócalo en forma de diamante (recuerda que también puedes seguir las instrucciones de la imagen).

Paso 1

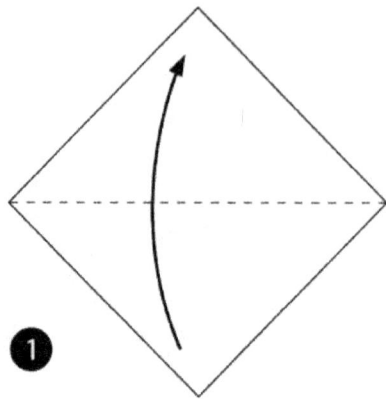

Dobla tu papel por la mitad desde la esquina inferior a la esquina superior. Ahora tendrás un triángulo.

Paso 2

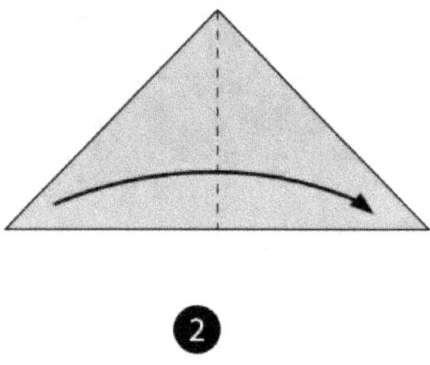

Dobla la esquina izquierda del triángulo para encontrar la esquina derecha (en la mitad de izquierda a derecha). Dobla bien, y luego desdobla esto para que vuelva a ser un triángulo.

Paso 3

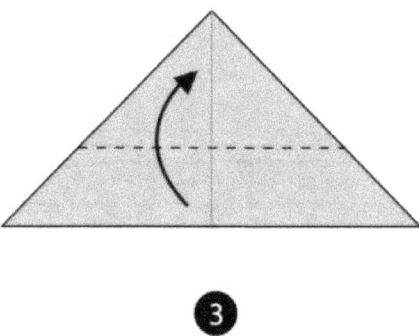

Dobla la mitad inferior del triángulo hacia arriba, dejando un poco de la punta superior del triángulo asomándose (échale un vistazo a la imagen para ver a qué me refiero). Dobla bien

Paso 4

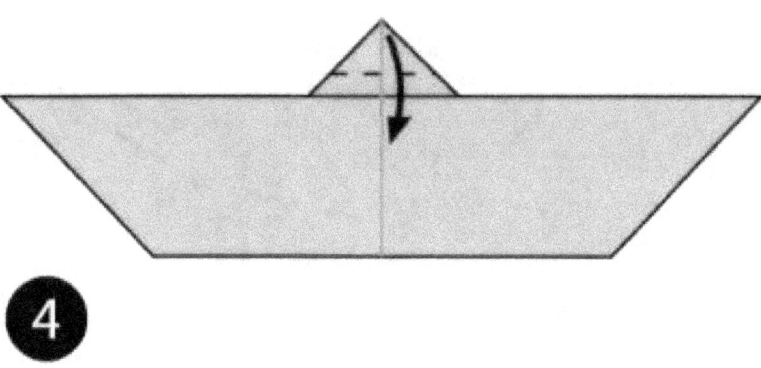

Dobla hacia abajo la punta superior que dejaste asomada por la mitad de arriba hacia abajo para que se superponga a la otra pieza que acabas de doblar (ve la imagen a continuación). ¡Esta va a ser la carita linda de tu murciélago!

Paso 5

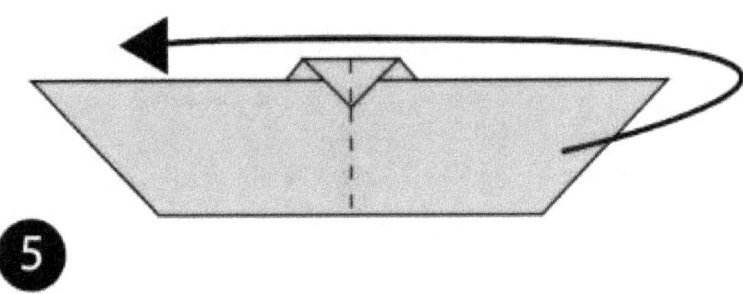

Dobla por la mitad desde la esquina restante a la derecha de vuelta a la izquierda. Dobla bien.

Paso 6

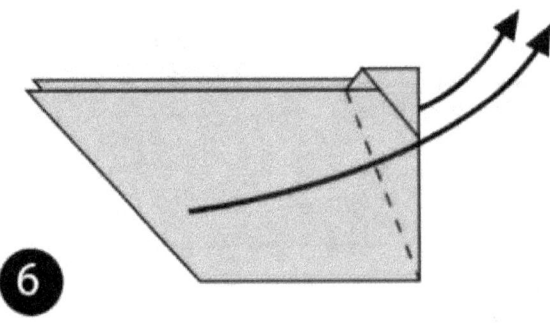

Dobla el ala superior una y otra vez (sigue la línea de puntos). Repite este proceso en el otro lado de la otra ala.

Paso 7

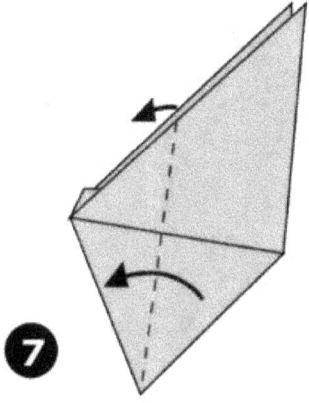

Dobla por la mitad, tomando el lado derecho hacia la izquierda (nuevamente, sigue la línea de puntos en la imagen).

Paso 8

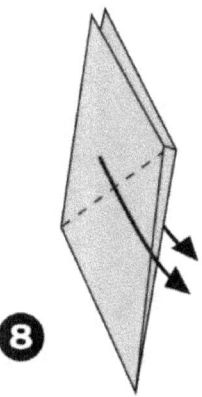

Dobla la punta superior por la mitad. Repite este pliegue para la punta superior en el otro lado.

Paso 9

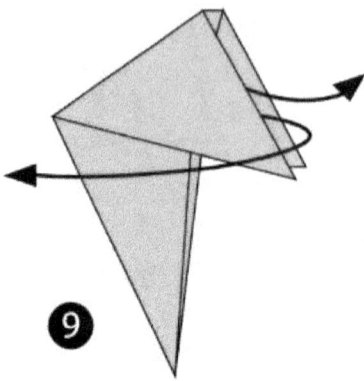

¿Ves las flechas en la imagen? Hala de cada lado como se muestra en cada dirección de las flechas.

Paso 10

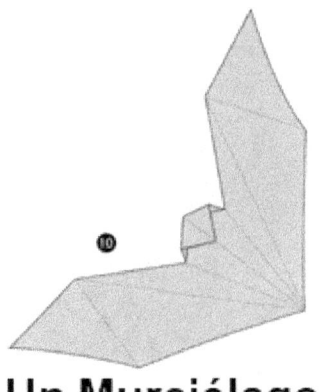

Un Murciélago

¡Aplana las cosas y echa un vistazo! ¡Ya has terminado! Puedes decorar tu murciélago, dibujar una cara y otros detalles, o dejarlo como está.

Dato curioso: hay más de 1000 variedades diferentes de murciélagos. ¿Cuál es el más parecido a tu murciélago de origami?

Sabías que... antes de "origami", la práctica del plegado de papel se llamaba "orikata", que significa "forma plegada".

Capítulo 12: Cachorro de Oso

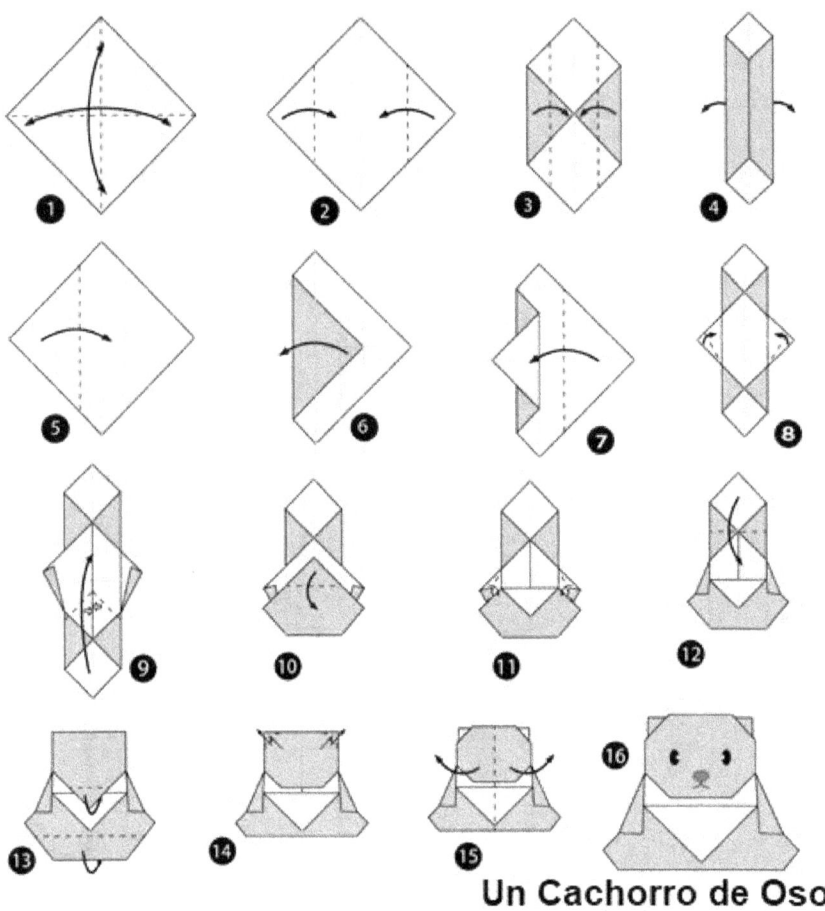

Un Cachorro de Oso

Comienza con el papel plano sobre tu superficie, con el color (o patrón) con la cara hacia abajo, en forma de diamante. El lado coloreado será el exterior de tu lindo cachorro de oso.

Paso 1

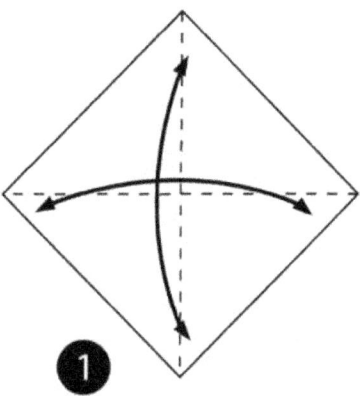

Dobla por la mitad desde la esquina izquierda a la derecha, desdobla. Ahora dobla por la mitad de arriba a abajo y desdobla. Tendrás otra cruz en el centro como muchos de nuestros otros proyectos.

Paso 2

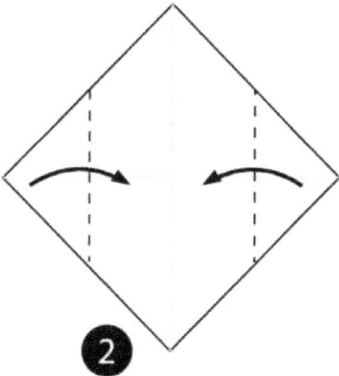

Dobla las esquinas izquierda y derecha para que se unan en el centro del pliegue central, como se muestra en la imagen.

Paso 3

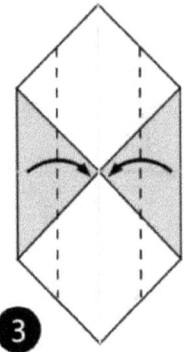

Dobla el borde izquierdo hasta el pliegue central y repite para el borde derecho.

Paso 4

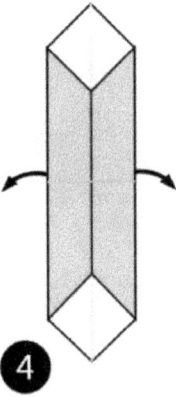

Desdobla todos los pliegues que has hecho hasta ahora. ¡Sé que parece extraño, pero confía en mí!

Paso 5

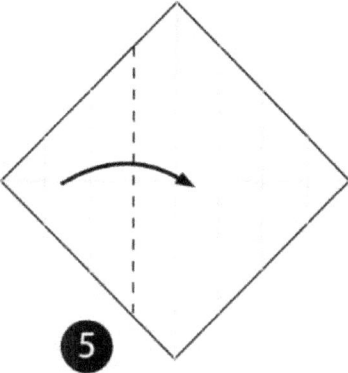

¿Ves todos los pliegues que has hecho? Hay ocho, todos juntos. Ahora, dobla la esquina izquierda a lo largo de la línea de puntos como se muestra, de modo que la punta se apoye en el sexto pliegue contando desde la izquierda.

Paso 6

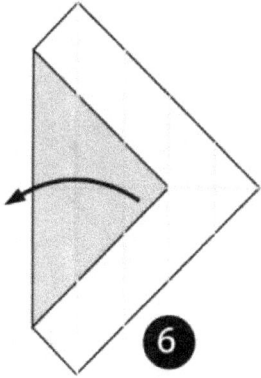

Dobla la solapa superior hacia la izquierda a lo largo del pliegue central como se muestra en la imagen.

Paso 7

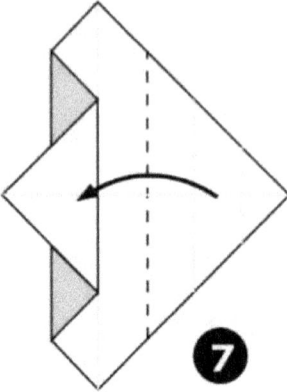

Repite los pasos 5, 6 y 7 en el lado derecho para que coincida con el izquierdo.

Paso 8

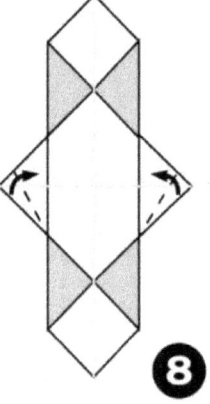

¿Ves las líneas de puntos? Dobla cada esquina siguiendo las líneas de puntos que se muestran.

Paso 9

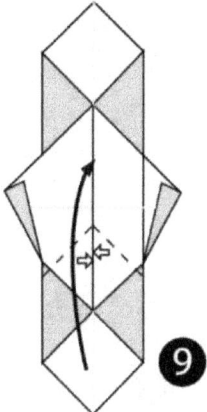

¿Ves las flechas blancas? ¡Sí, es otro pliegue de calabaza! ¡Ya te estás volviendo bueno en esto! Abre los bolsillos ligeramente donde están ubicadas las flechas blancas y al doblar la esquina inferior hacia arriba, los bolsillos deberían abrirse al mismo tiempo y luego aplánalos al completar el pliegue. Ve la imagen de abajo para confirmar.

Paso 10

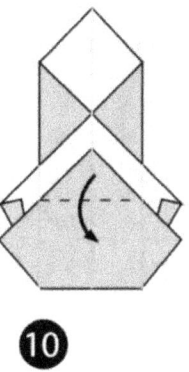

Sigue la flecha, doblando hacia abajo a lo largo de la línea de puntos.

Paso 11

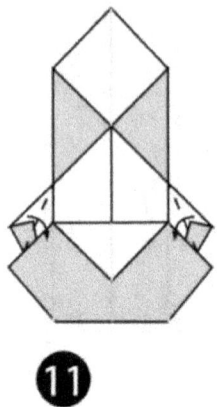

Levanta el lado izquierdo para abrirlo un poco y dóblalo hacia adentro y hacia arriba, como se muestra en la imagen. Repite en el lado derecho. Estos harán los brazos pequeños de oso.

Paso 12

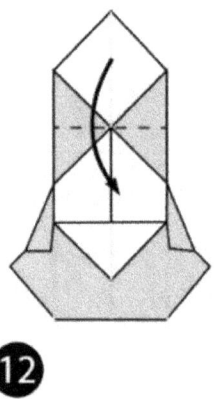

Dobla la punta superior hacia abajo a lo largo de la línea de puntos. Ve la imagen de abajo para confirmar.

Paso 13

68

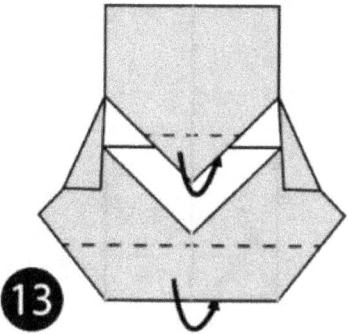

¿Ves la línea de puntos en la parte superior? Dobla hacia atrás a lo largo de la línea de puntos, metiendo debajo. Dobla hacia atrás a lo largo de la línea de puntos inferior también.

Paso 14

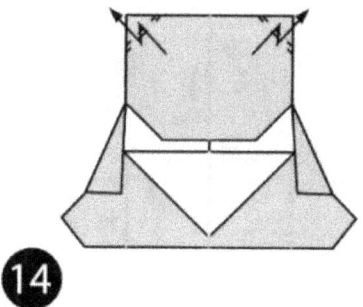

Levanta el borde izquierdo un poco hacia arriba y dobla hacia adentro a lo largo de la línea de puntos, sin dejar de lado la punta. Esto a veces se denomina plegado escalonado porque forma un "escalón" como una escalera; consulta el capítulo de "pliegues" si es necesario. Repite esto en el lado derecho.

Paso 15

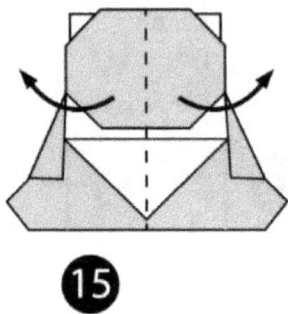

Dobla toda la pieza por la mitad haciendo un pliegue en el medio, luego desdobla nuevamente.

Paso 16

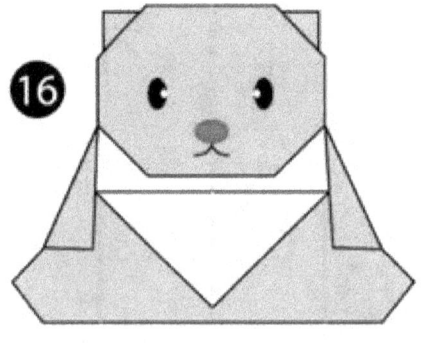

Un Cachorro de Oso

Dibuja la cara de tu cachorro de oso, ¡y estás listo para domesticar! Dale a tu oso un bonito collar o una pajarita (¡quizás este cachorro sea elegante!) Y déjalo que se una a tus otros amigos animales.

Dato curioso: los osos tienen un sentido del olfato extremadamente bueno, mejor que los perros, y tal vez incluso mejor que cualquier otro animal.

Sabías que... la grulla de origami se ha convertido en un símbolo internacional para la paz. Una organización llamada "Wings for Peace" (Alas por la Paz) hizo la grulla de papel más grande del mundo en 1999. Tenía 1.750 libras y 215 pies de altura.

Capítulo 13: León

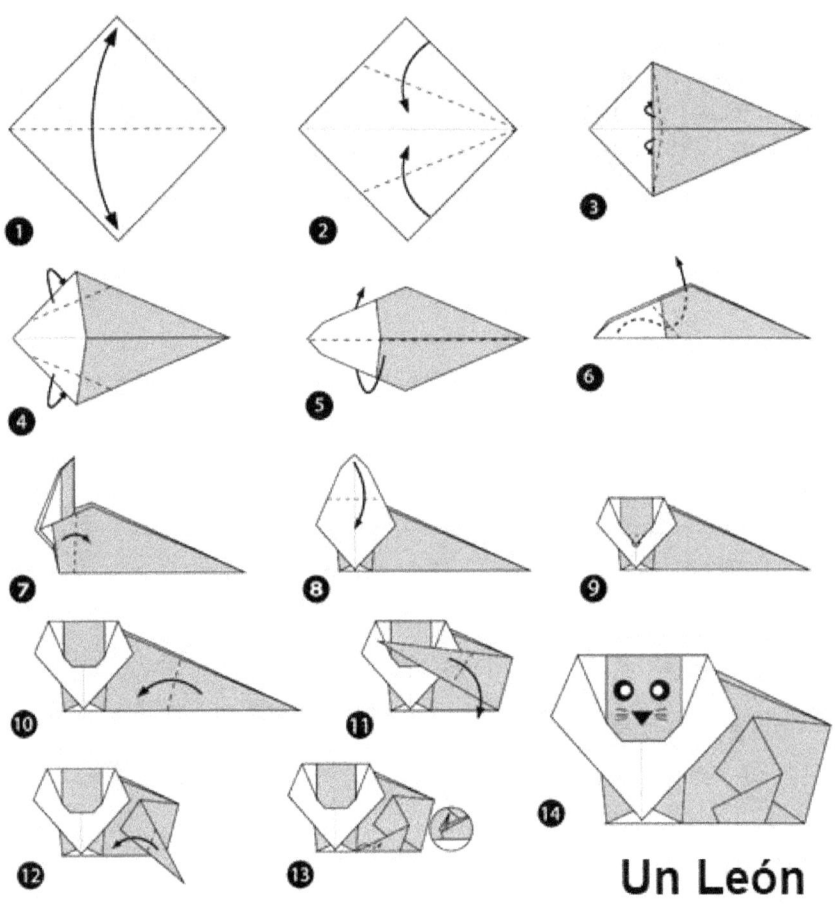

Un León

Los tigres reales y leones no se llevan bien, ¡pero este león de papel puede ser el mejor amigo de tu tigre de papel! Comienza con el papel plano sobre la superficie de trabajo con la forma de un diamante, con el color (o el patrón) hacia abajo. Este color pronto será el color del "pelaje" de tu león.

Paso 1

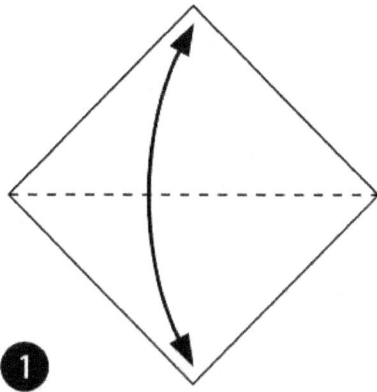

Dobla la esquina superior hasta la parte inferior, como se muestra en la imagen, luego desdobla nuevamente.

Paso 2

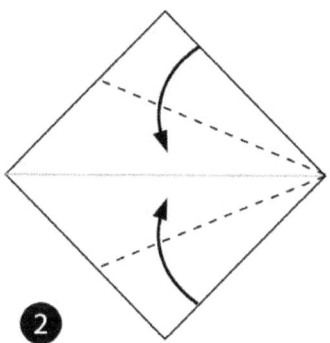

¿Ves las líneas de puntos? Dobla a lo largo de ellas para que los bordes se junten en el pliegue central.

Paso 3

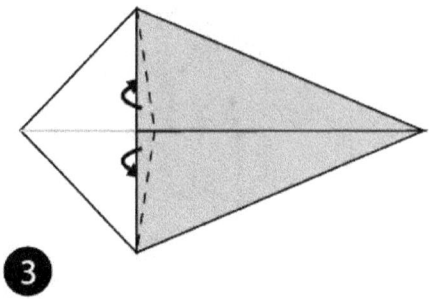

Dobla a lo largo de las líneas de puntos, pero doblando hacia atrás metiendo hacia adentro.

Paso 4

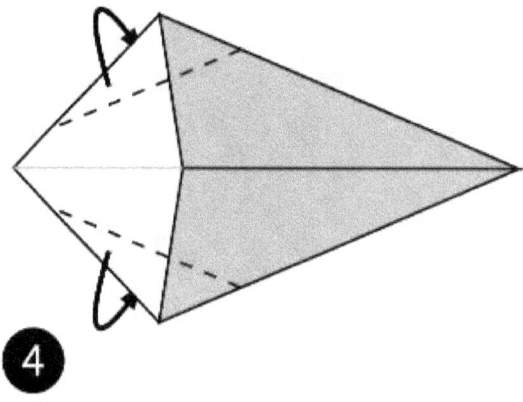

¿Ves las líneas de puntos? Dobla hacia atrás a lo largo de ellas.

Paso 5

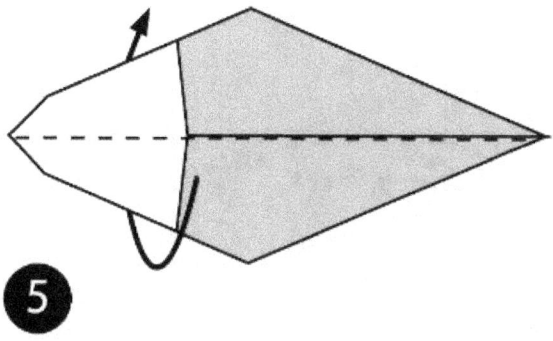

Dobla por la mitad como se muestra, doblando la mitad inferior debajo.

Paso 6

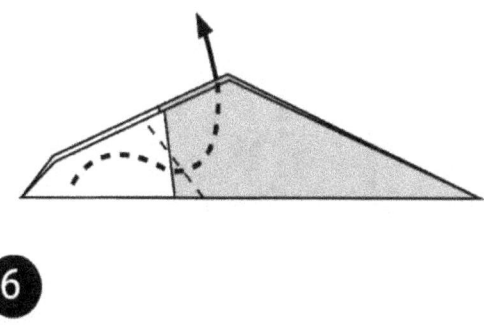

Dobla hacia arriba y hacia el interior, empujando hacia adentro, como se muestra en la imagen (este es el pliegue de calabaza nuevamente).

Paso 7

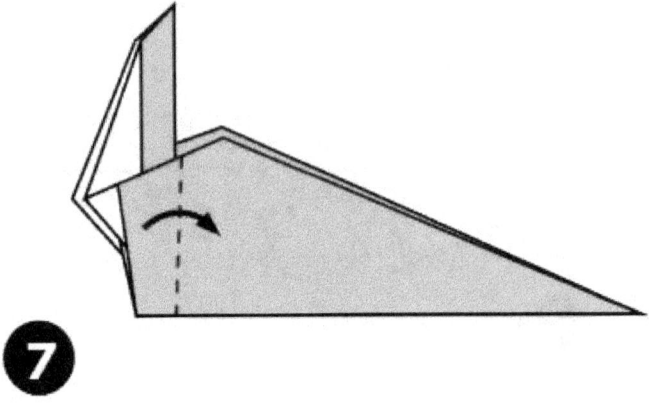

Dobla la solapa superior a lo largo de la línea de puntos como se muestra.

Paso 8

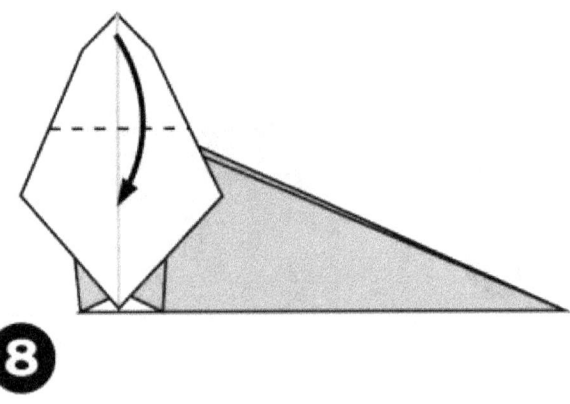

Dobla hacia abajo en la línea de puntos como se ve en la imagen.

Paso 9

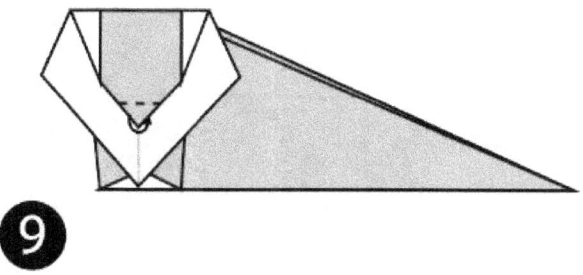

¿Ves la línea de puntos? Dobla el pequeño punto hacia atrás, metiéndolo como se muestra en la imagen.

Paso 10

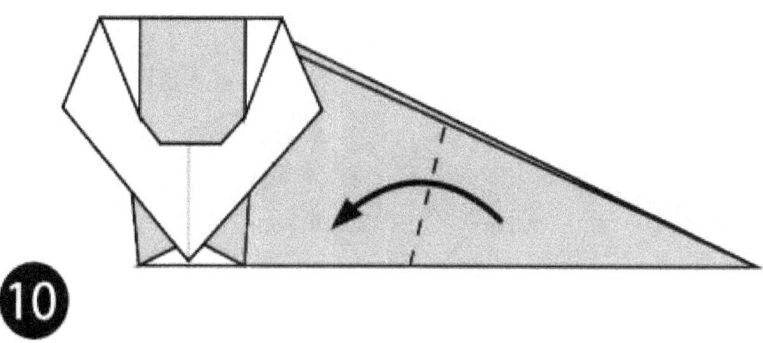

Siguiendo la línea de puntos, dobla la punta desde la derecha hacia la izquierda.

Paso 11

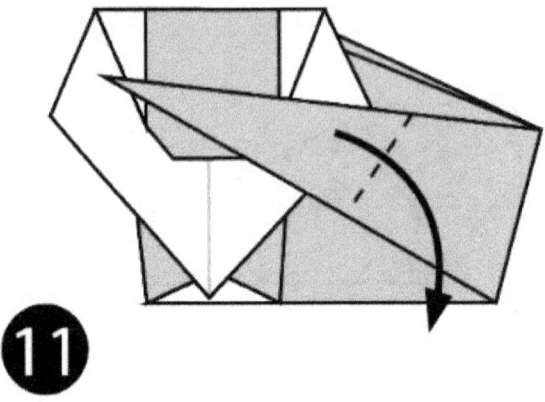

Sigue la línea de puntos nuevamente, doblando la punta hacia abajo y hacia la derecha.

Paso 12

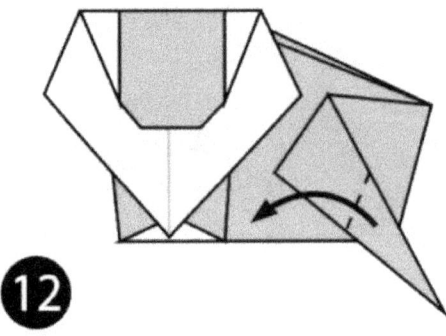

Una vez más, dobla la punta hacia arriba y hacia la izquierda para que se alinee a lo largo del borde inferior.

Paso 13

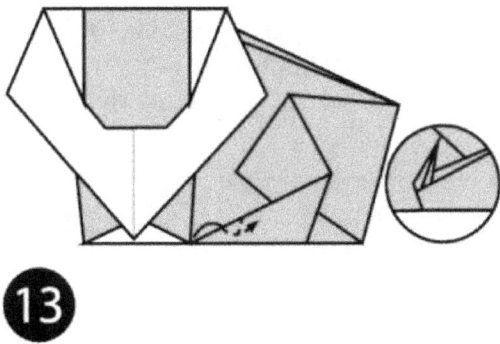

Dobla la punta hacia adentro, metiéndola.

Paso 14

Un León

¡Felicidades! Dibuja la cara de tu león, decora su melena y dale un nombre.

Dato curioso: tanto los machos como las hembras pueden rugir. ¡Su rugido se puede escuchar hasta cinco millas de distancia!

Sabías que... el origami se ha convertido en una forma de arte tan popular que ahora existen varias asociaciones de origami que se han

formado en todo el mundo. Existe el Origami Center of America (Centro de Origami de América) y la British Origami Society (Sociedad Británica de Origami), entre otros. La mayoría de las grandes ciudades ahora tienen "maestros de origami".

Capítulo 14: Pingüino

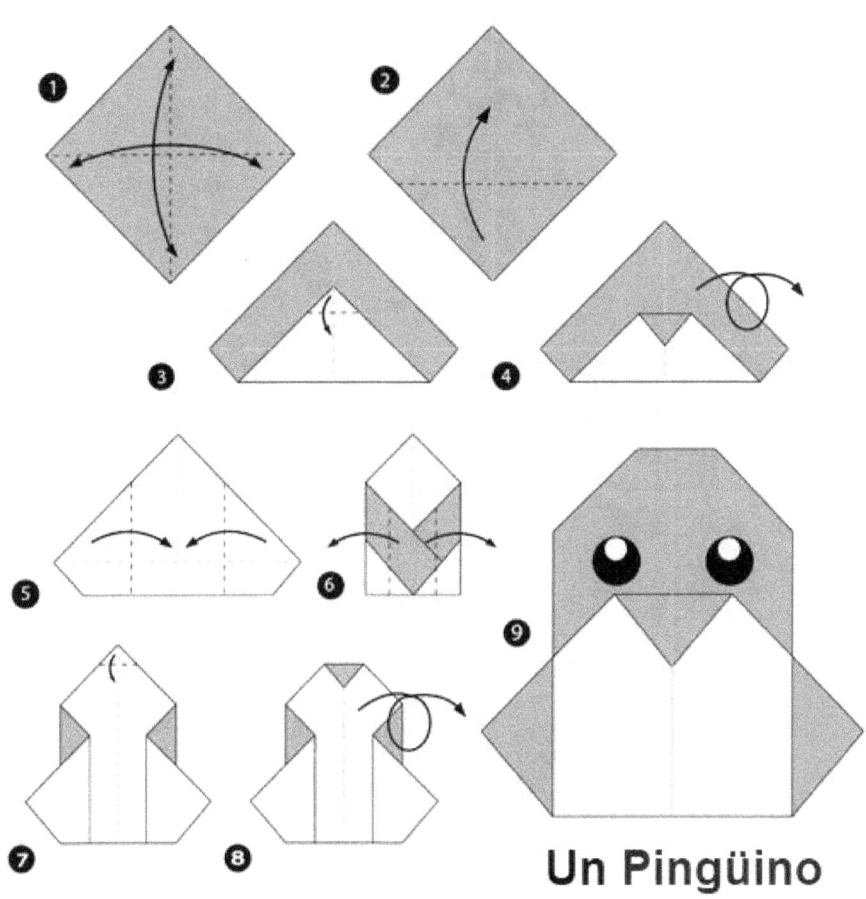

Un Pingüino

¿Los pingüinos fueron uno de los animales que adivinaste que viven en la Antártida? Sin embargo, este papel no tiene que vivir en un clima frío. ¡Tal vez este pingüino sea un pingüino tropical! Comienza con el papel plano sobre la superficie de trabajo con el lado del color (o patrón) hacia arriba. Coloca tu papel de manera que tenga la forma de un diamante.

Paso 1

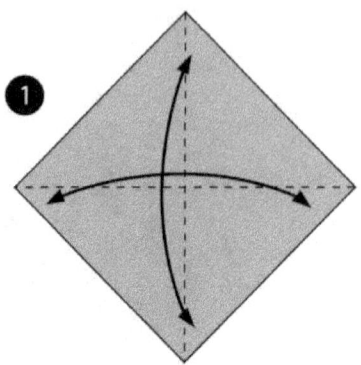

Dobla la esquina izquierda hacia la derecha, doblando por la mitad, luego desdóblala nuevamente. Repite esto con la parte inferior doblada hasta la parte superior. Desdobla una vez más.

Paso 2

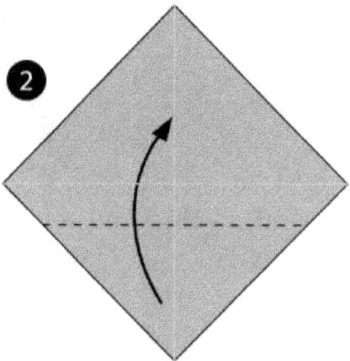

Siguiendo la línea de puntos, dobla la esquina inferior hacia arriba, doblando donde se ve la línea de puntos en la imagen.

Paso 3

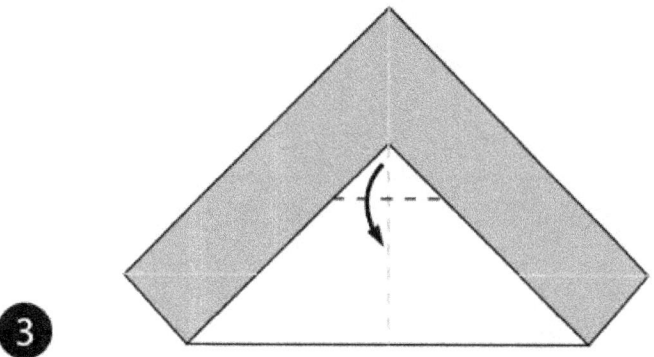

Siguiendo la línea de puntos, dobla la punta superior hacia abajo como se muestra.

Paso 4

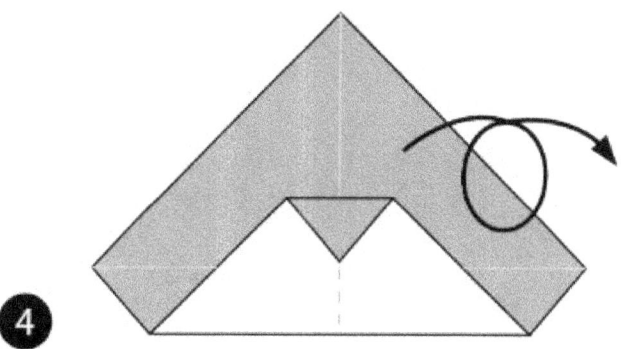

Da la vuelta a la pieza entera.

Paso 5

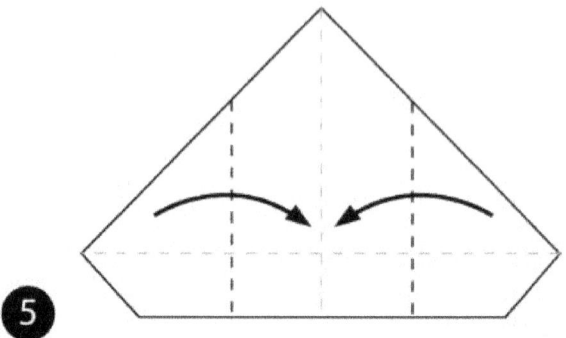

Dobla la esquina izquierda un poco más allá de la línea central, como se muestra. Luego dobla la esquina derecha de la misma manera. Las dos se superpondrán un poco en el medio.

Paso 6

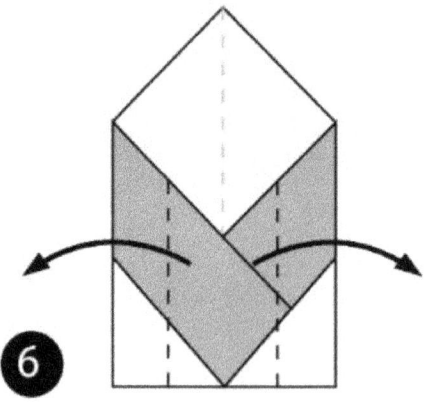

Sigue las flechas y dobla a lo largo de las líneas de puntos, haciendo primero el lado izquierdo, luego el derecho.

Paso 7

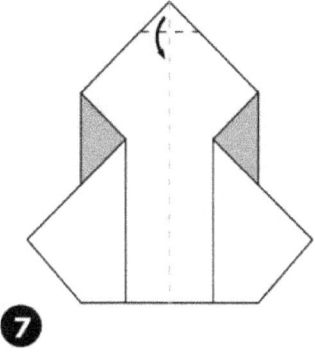

Dobla la punta superior hacia abajo, como se muestra.

Paso 8

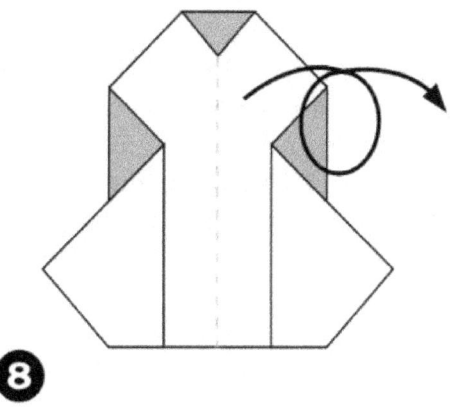

Da la vuelta a la pieza entera.

Paso 9

Un Pingüino

¡Wow! ¡Ya has terminado! Dibuja los ojos, colorea el pico, y tal vez dale a tu pingüino una bufanda para mantenerlo abrigado. A menos que tu pingüino sea realmente tropical, entonces ¡quizás le des un traje de baño y una bebida fría!

Dato curioso: hay muchas variedades de pingüinos. Por ejemplo, los pingüinos emperador son las especies más altas, con aproximadamente 4 pies de altura. El más pequeño es el pingüino pequeño azul, que mide aproximadamente 16 pulgadas. La especie de pingüino más rápida es el pingüino gentoo, que puede nadar hasta 22 millas por hora.

Sabías que ... Akira Yoshizawa es a menudo considerado el Gran Maestro del origami. Él creó más de 50.000 modelos de origami. También inventó un método llamado plegado en húmedo y desarrolló un método para dibujar instrucciones de origami.

Capítulo 15: Ornitorrinco

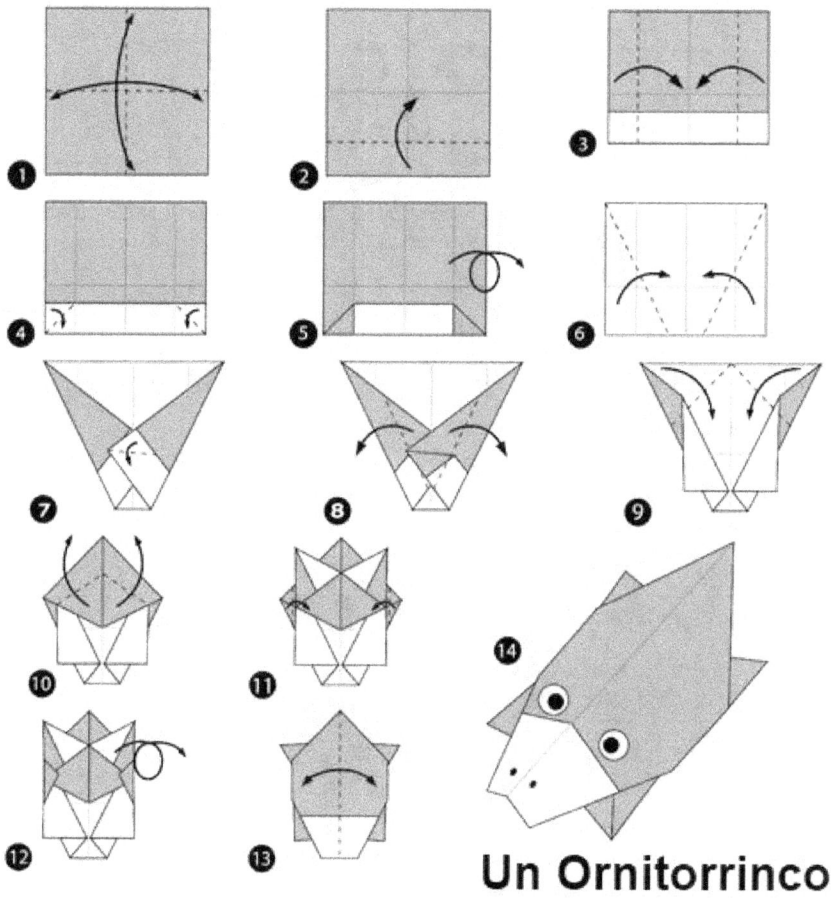

¿Alguna vez has oído hablar de un ornitorrinco? ¡Es una criatura muy singular! Para este animal, en lugar de poner el color del papel boca abajo, colócalo plano sobre la superficie de trabajo en forma de un cuadrado con la cara de color hacia arriba.

Paso 1

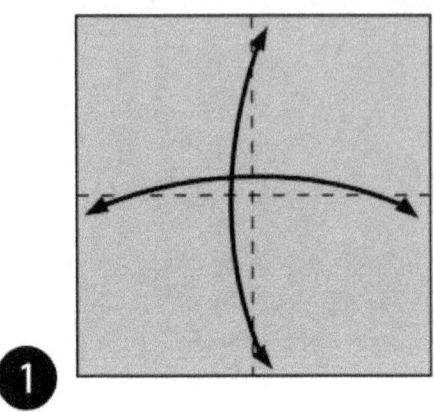

Dobla el borde superior hasta el borde inferior y desdóblalo nuevamente. Repite esto con el borde izquierdo hacia el borde derecho y desdobla de nuevo.

Paso 2

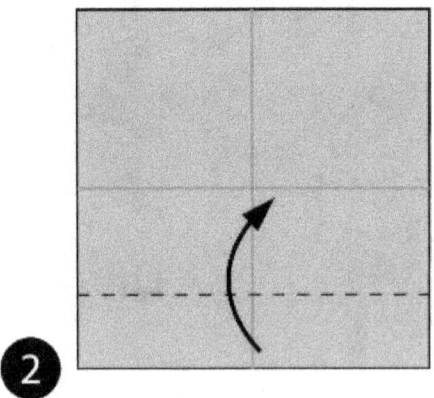

Siguiendo la línea de puntos, dobla hacia arriba casi hasta el pliegue central, pero no del todo.

Paso 3

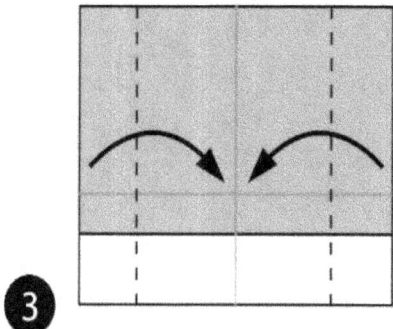

Dobla el borde izquierdo y luego el borde derecho hacia el pliegue central para que se encuentren y luego se desdoblan nuevamente.

Paso 4

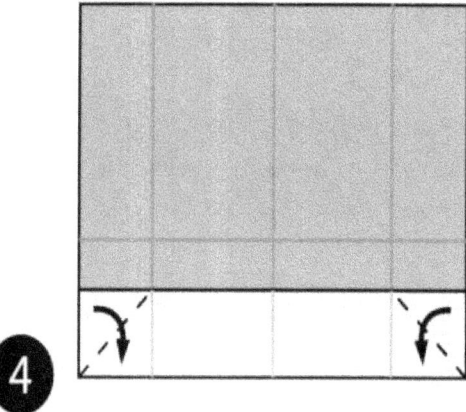

Siguiendo las líneas de puntos, dobla las esquinas izquierda y derecha hasta el borde inferior como se muestra.

Paso 5

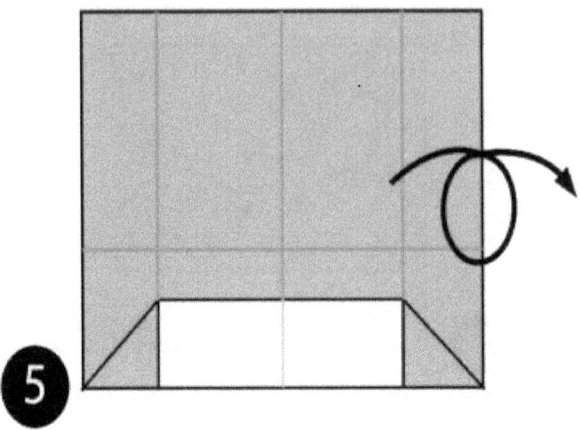

Da la vuelta a la pieza entera.

Paso 6

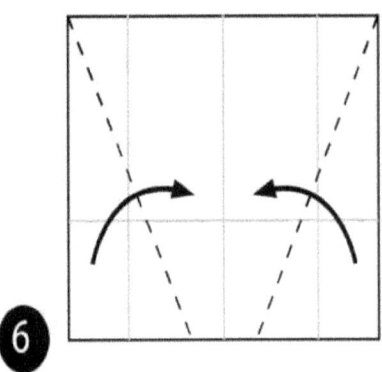

Siguiendo las líneas de puntos, dobla el lado izquierdo y luego el lado derecho. El lado derecho se superpondrá con el izquierdo, como se muestra en el siguiente paso.

Paso 7

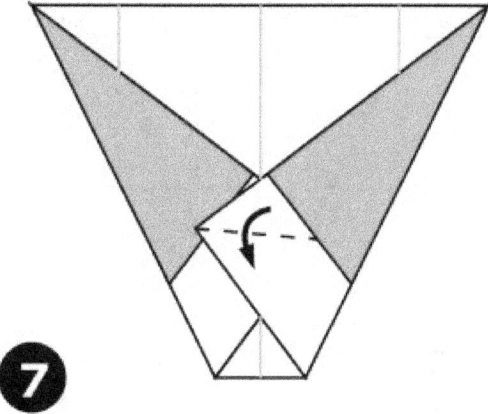

¿Ves la línea de puntos y la flecha? Siguiendo la flecha, dobla hacia abajo la esquina a lo largo de la línea de puntos.

Paso 8

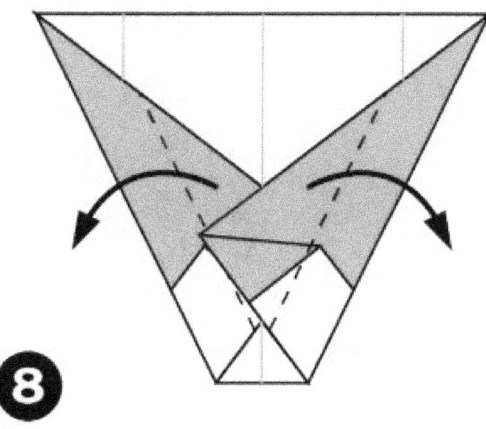

Sigue las líneas de puntos y dobla el lado derecho primero (la parte superior) y luego el izquierdo.

Paso 9

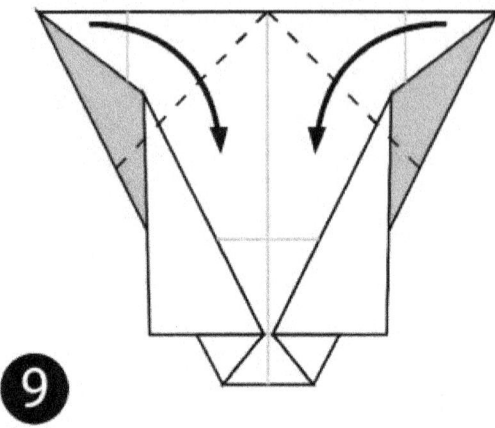

Dobla las dos esquinas superiores hacia abajo para encontrarlas con el pliegue central, como se muestra.

Paso 10

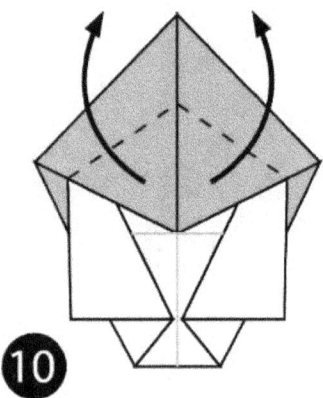

Siguiendo las líneas de puntos, dobla hacia arriba y hacia afuera un poco para ambos lados, como se muestra.

Paso 11

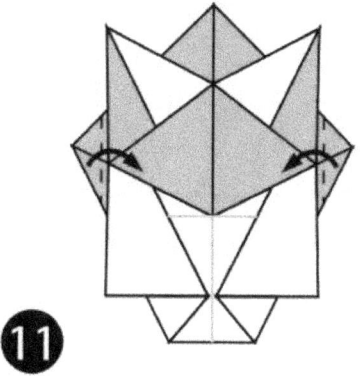

Dobla las "pestañas" izquierda y derecha como se muestra.

Paso 12

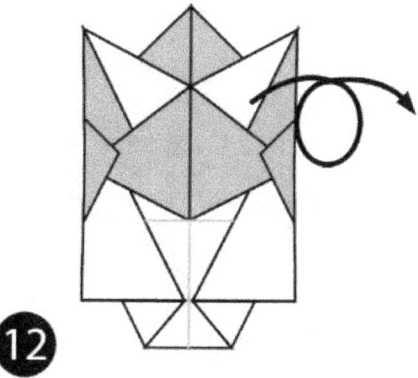

Da la vuelta a la pieza entera.

Paso 13

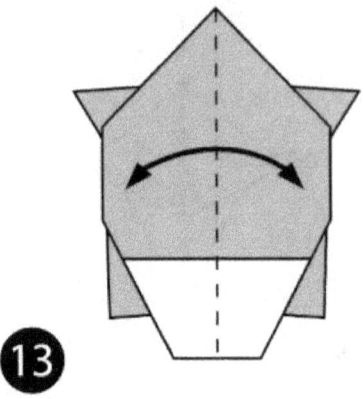

Dobla por la mitad con un pliegue de montaña como se muestra y dobla, luego desdobla.

Paso 14

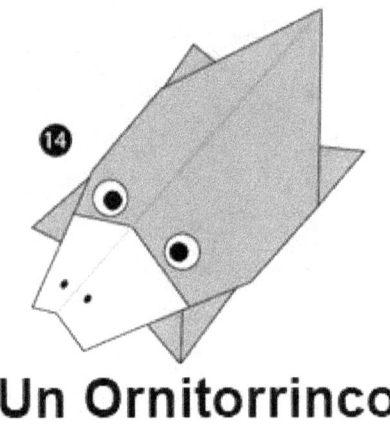

Un Ornitorrinco

¡Dibuja ojos y otros detalles para arreglar a tu nuevo amigo! ¿Tal vez darle unas gafas de sol frescas?

Dato curioso: cuando el ornitorrinco se trajo por primera vez de Australia a Gran Bretaña, la gente no creía que fuera un animal real debido a su aspecto extraño. Tiene una cola parecida a una

paleta como un castor, un cuerpo peludo muy parecido a una nutria, patas palmeadas y un pico como un pato.

Sabías que... el récord mundial de serpiente de origami más largo es de 152,52625 pies de largo. Este récord mundial se hizo el 11 de marzo de 2001 en Singapur. También hay un récord para la oruga más larga, que es de 2.128 pies. Fue hecho en Alemania en octubre de 2004 por 60 hombres con 25.000 hojas de papel.

Capítulo 16: Gorila

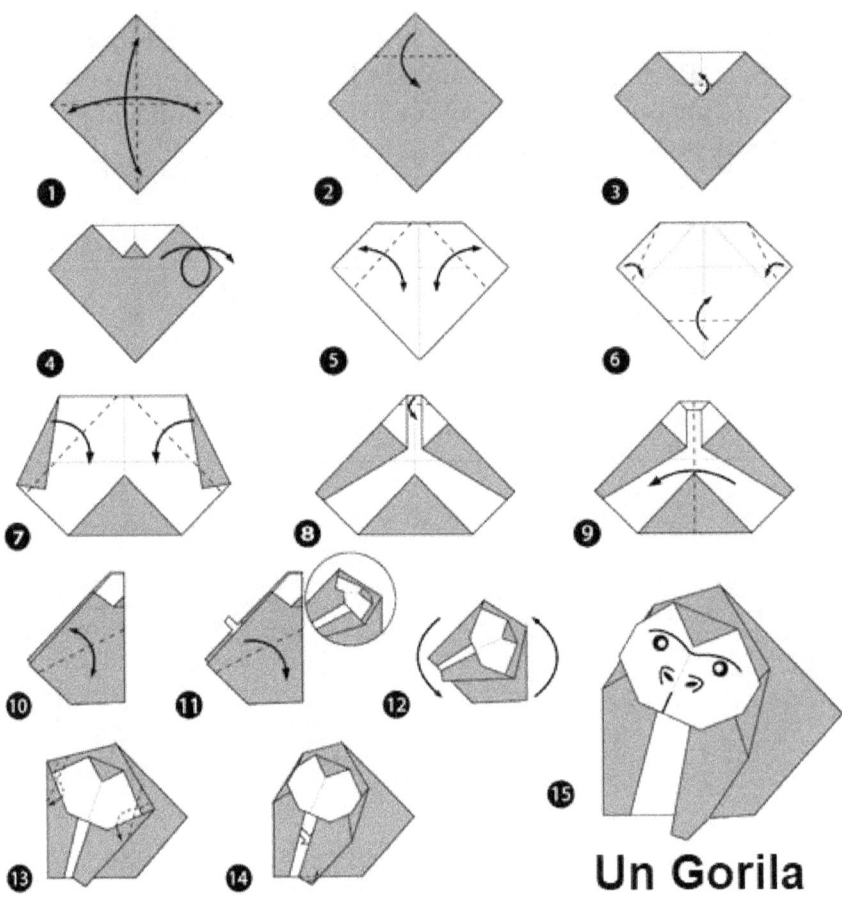

Un Gorila

Tenemos felinos, caninos, peces, osos, aves... ¡ahora necesitamos un primate! Comienza este proyecto con el papel plano sobre tu superficie de trabajo, con el lado del color (o el patrón) nuevamente hacia arriba esta vez, colocado en forma de diamante.

Paso 1

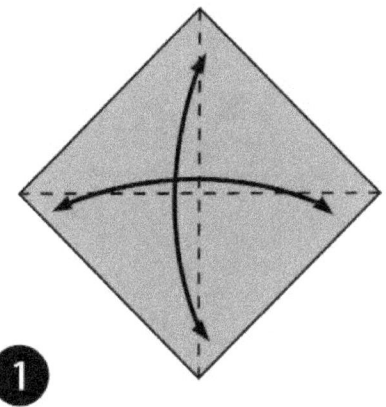

Dobla la esquina izquierda hacia la derecha, dobla bien y luego desdobla nuevamente. Luego, dobla la esquina superior hacia abajo hasta la parte inferior, dobla y desdobla también.

Paso 2

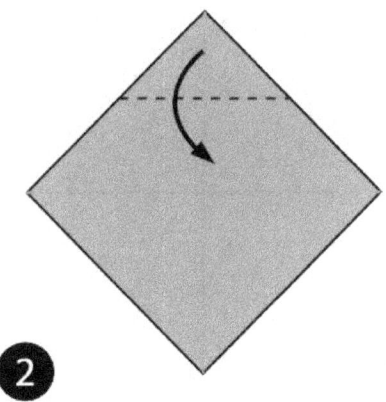

Dobla la punta superior hacia el centro como se muestra en la imagen.

Paso 3

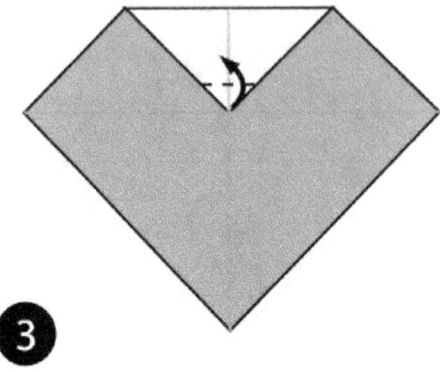

¿Ves la pequeña línea de puntos y la flecha? Dobla la pequeña punta hacia arriba, como se muestra.

Paso 4

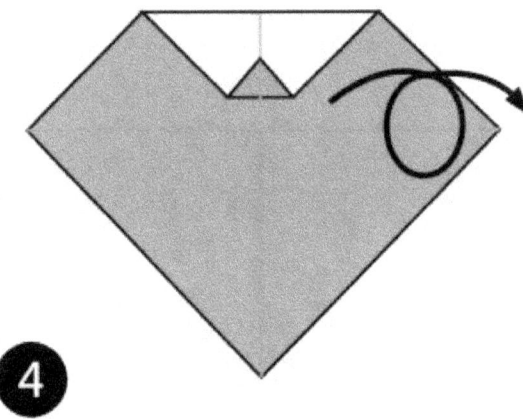

Probablemente recuerdes lo que significa este símbolo, ¡y es muy fácil! Solo da la vuelta a la pieza entera.

Paso 5

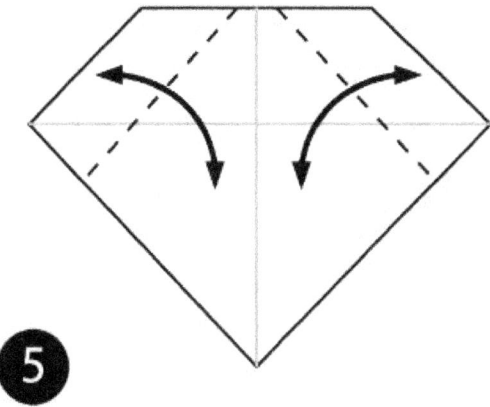

Echa un vistazo a las líneas de puntos y flechas en ambos lados. Dobla a lo largo de las líneas de puntos en la dirección de las flechas como se muestra. Recuerda doblar bien, luego desdobla.

Paso 6

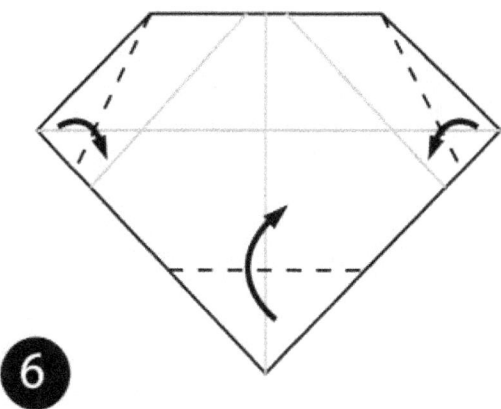

Aquí tienes 3 pliegues para hacer, pero no te preocupes, es bastante fácil. Dobla la esquina izquierda para que la punta pase un poco más allá del pliegue que hiciste a la izquierda en el paso 5. Ahora haz lo mismo con el lado derecho. Finalmente, dobla la esquina inferior hacia arriba como se muestra en la imagen por la línea de puntos.

Paso 7

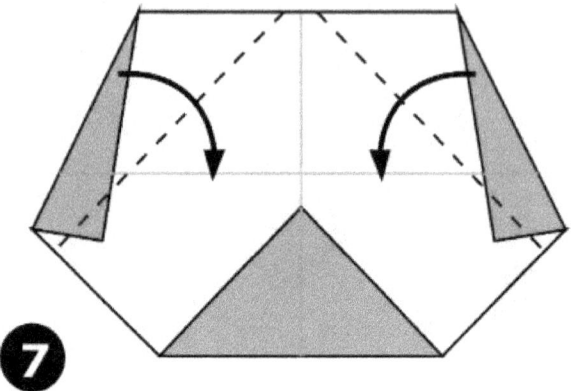

Dobla a lo largo de la línea de puntos a la izquierda en la dirección de la flecha como se muestra. Haz lo mismo siguiendo la línea de puntos en el lado derecho.

Paso 8

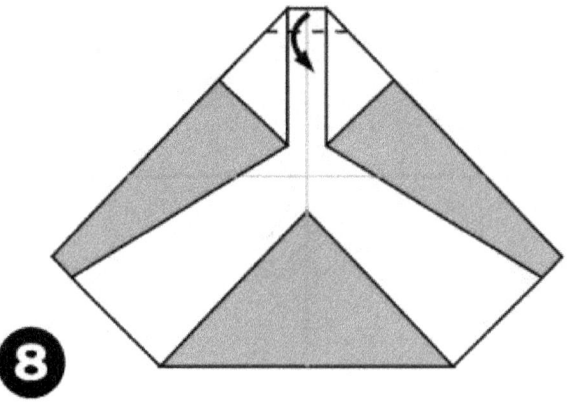

¿Ves la pequeña línea de puntos en la parte superior de nuevo? Dobla hacia abajo a lo largo de la línea de puntos como se muestra en la imagen.

Paso 9

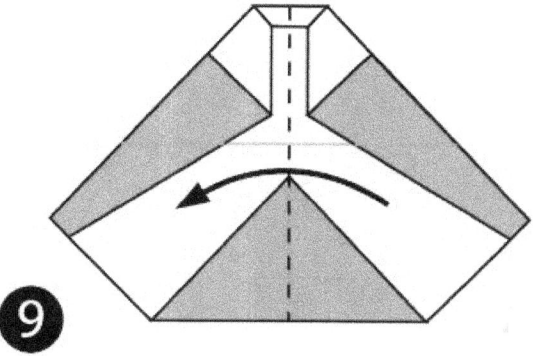

Dobla la mitad derecha hacia la izquierda, de modo que el proyecto se doble por la mitad.

Paso 10

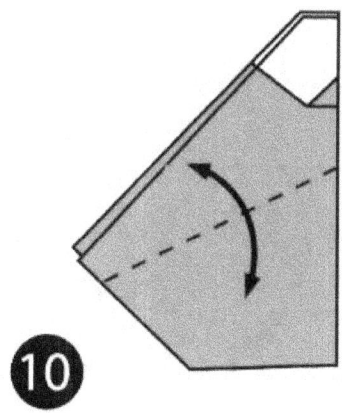

Dobla a lo largo de la línea de puntos hacia abajo como se muestra en la imagen. Dobla bien, y luego desdobla. Repite estos pasos de nuevo, pero doblando a lo largo de las líneas de puntos hacia atrás.

Paso 11

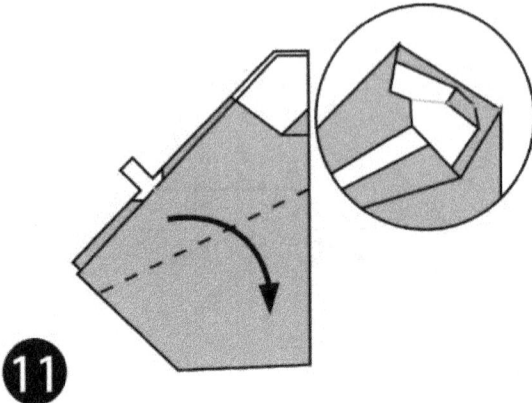

¿Ves dónde está la flecha blanca? Levanta esto un poco para que comience a abrirse y luego haz un pliegue de calabaza a lo largo de la línea de puntos como se muestra. Puedes ver cómo debería verse en el paso 12.

Paso 12

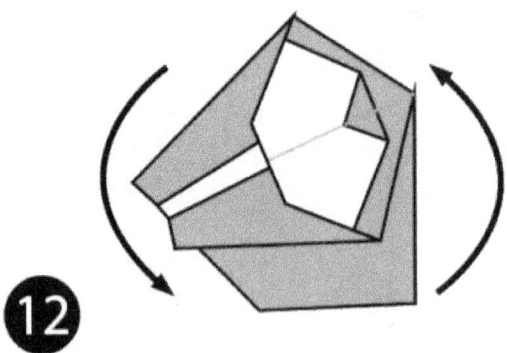

Gira tu proyecto de origami a la izquierda, como se muestra por las flechas. Puedes ver lo que quiero decir y cómo debería verse en el paso 13.

Paso 13

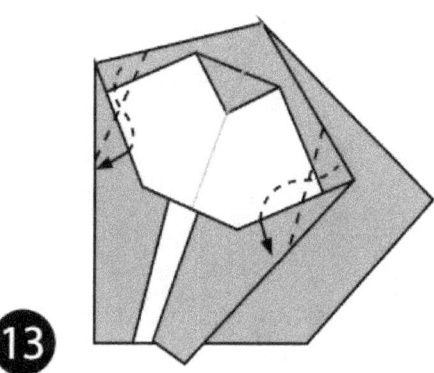

¿Ves las flechas y las líneas de puntos en ambos lados? Haz un pliegue de bolsillo, metiendo las puntas dentro. Recuerda hacer esto en ambos lados, como se muestra en la imagen. ¡Ya casi terminas!

Paso 14

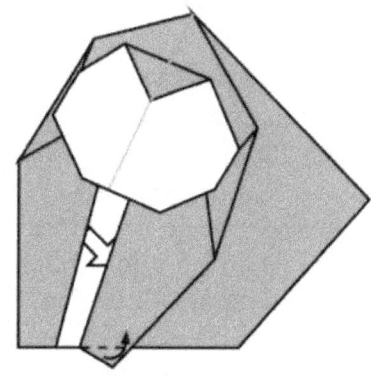

¿Ves la flecha blanca y la línea de puntos? Levanta el lado al que apunta la flecha blanca y haz un pliegue de bolsillo donde se muestra la línea de puntos, metiendo dentro.

Paso 15

Un Gorila

¡Boom! Tu gorila solo necesita algunos ojos, nariz y otros detalles que quizás quieras agregar, ¡y entonces él (o ella) está listo!

Dato curioso: después de los chimpancés y los bonobos, los gorilas son los parientes vivos más cercanos a los humanos. Ellos comparten aproximadamente el 95% de su ADN con personas, y nuestras dos especies provienen del mismo ancestro común.

Sabías que... además de los proyectos de origami más grandes, también hay récords mundiales para las piezas más pequeñas. El profesor Watanabe en Japón dobló la grulla de papel más pequeña; tiene un tamaño de solo 1 mm y se fabricó con pinzas y un microscopio. Un francés llamado Eric Roudiere hizo el pollo más pequeño de origami con solo 1.5 mm x 1.5 mm x 1.19 mm. El 16 de marzo de 1995, un niño llamado Christian Thorp Frederiksen que tenía solo 12 años de edad hizo el avión de papel más pequeño, que mide 2.5 mm x 1 mm, y un hombre llamado Christian Elbrandt dobló una rana de origami de 2.7 mm que puede saltar a 103 mm.

Capítulo 17: Cisne

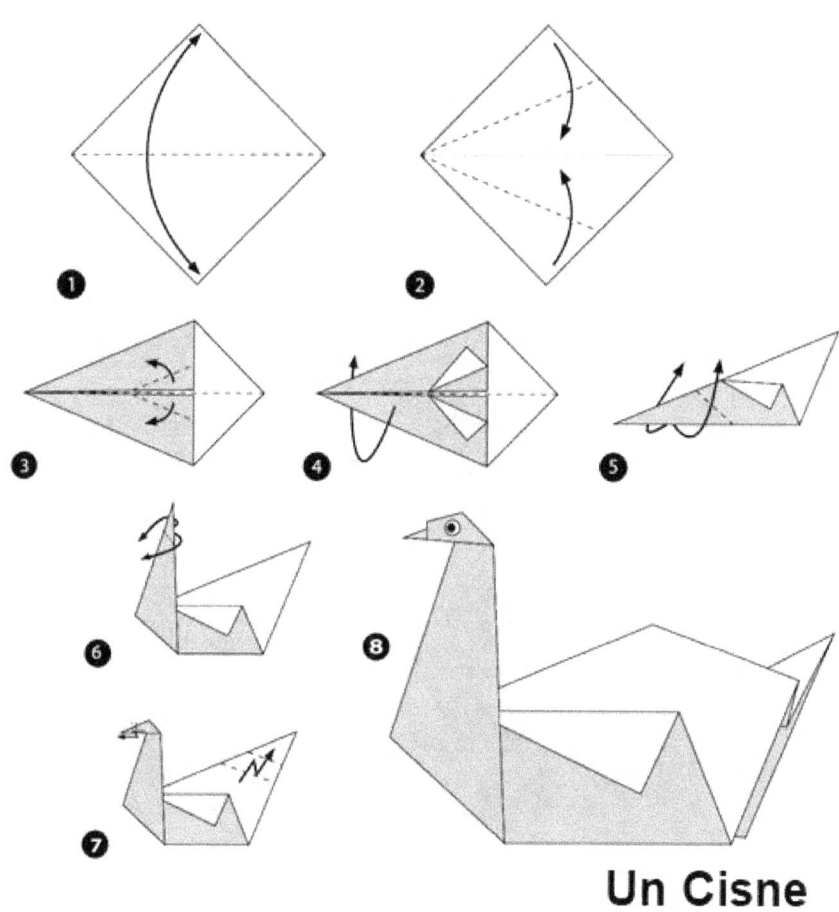

Un Cisne

Tenemos un pingüino (ellos nadan en el agua), así que tal vez necesite otro amigo del agua con plumas. Comienza con el papel plano sobre la superficie de trabajo, con el color (o el patrón) hacia abajo, en forma de diamante. Este color hacia abajo será el exterior, o "plumas", de tu cisne.

Paso 1

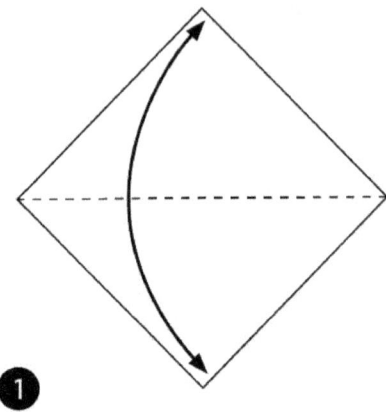

Dobla la punta inferior hacia arriba para encontrar la punta superior, formando un pliegue central. Desdobla de nuevo.

Paso 2

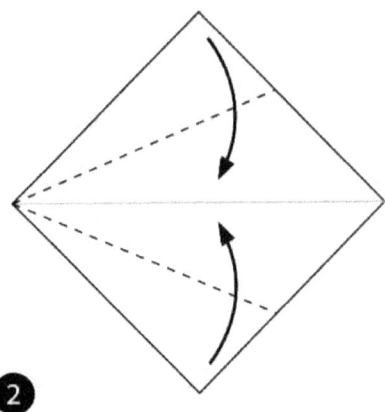

¿Ves las líneas de puntos? Dobla cada borde a lo largo de las líneas de puntos que coincidan con el pliegue central como se muestra.

Paso 3

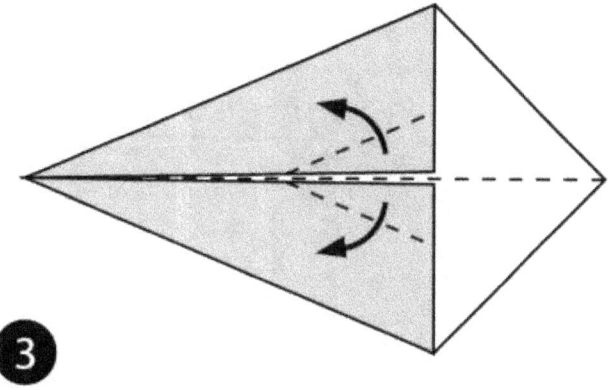

Dobla las esquinas interiores a lo largo de las líneas de puntos.

Paso 4

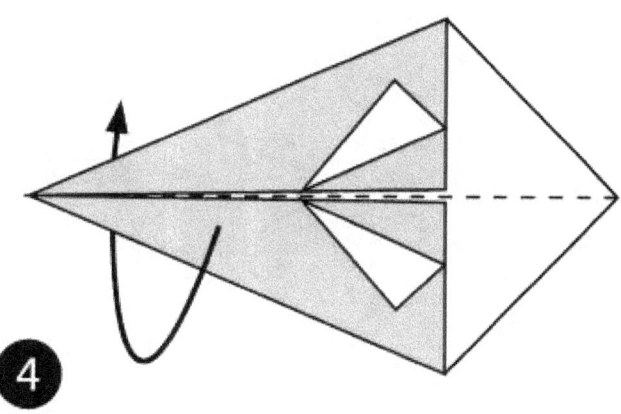

Dobla la pieza entera por la mitad con un pliegue de montaña doblando los dos lados juntos.

Paso 5

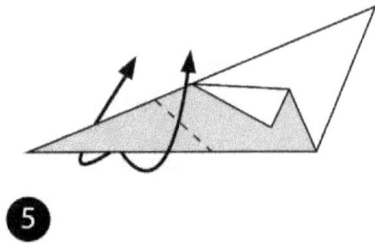

¿Ves las flechas? Levanta la punta hacia arriba, siguiendo las flechas, y dobla en el centro, doblando, con un pliegue de bolsillo.

Paso 6

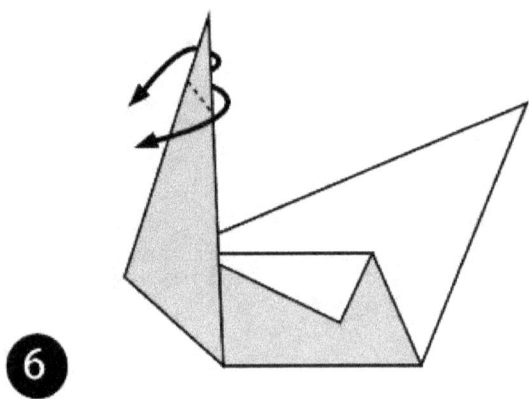

Repite la técnica que usaste en el paso cinco en la punta aquí, como se muestra.

Paso 7

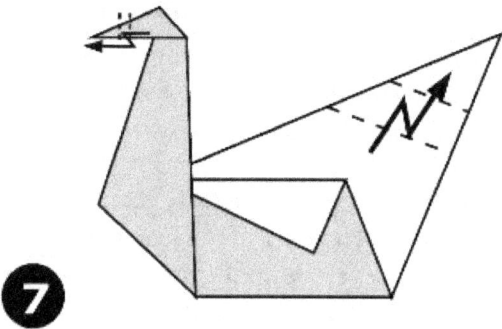

¿Ves las líneas de puntos en la cola? Dobla hacia abajo y hacia adentro siguiendo las líneas de puntos, haciendo un pliegue escalonado. Dobla bien. Dobla el pico ligeramente hacia adentro usando un pliegue escalonado.

Paso 8

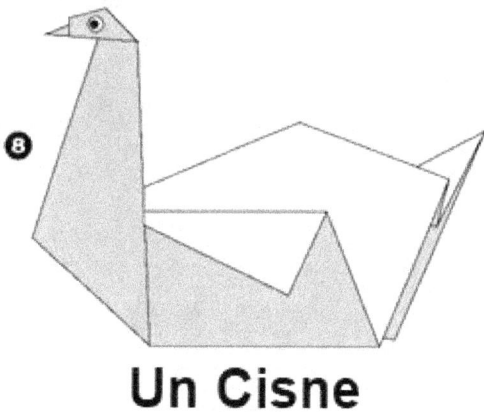

Un Cisne

¡Ahora tienes un cisne elegante! Al igual que la historia del patito feo que se transforma en un hermoso cisne, has transformado una hoja de papel normal en un cisne de papel especial.

Dato curioso: los cisnes son el miembro más grande de la familia de los patos y los gansos. Tienen más de 25.000 plumas. Un cisne macho se llama "cob" en inglés (en español solo se llama cisne macho), mientras que un cisne hembra se llama "pen" en inglés (en español solo se llama cisne hembra).

Sabías que... en México, las envolturas de dulces a menudo son tejidas en bolsos, joyas, carteras y otros accesorios. Esto ayuda al medio ambiente al reutilizar el papel que normalmente sería basura. También ayuda a la economía mexicana.

Capítulo 18: Jirafa

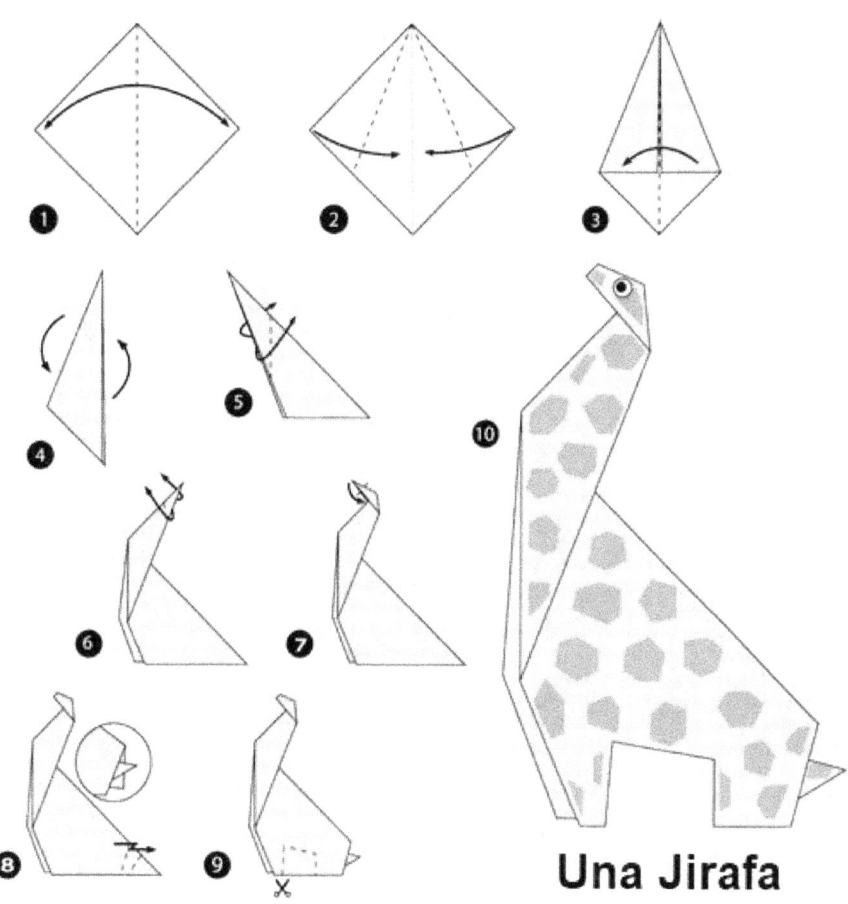

Una Jirafa

Nuestro desfile de animales continúa con esta linda jirafa. Al igual que muchos de nuestros otros proyectos de origami animal, comienza este colocando tu papel en una superficie de trabajo plana con el color (o patrón) hacia abajo, de modo que tenga la forma de un diamante.

Paso 1

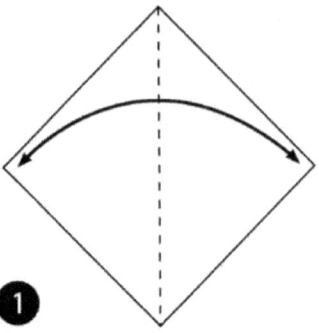

Dobla el papel por la mitad de izquierda a derecha, dobla bien y luego vuelve a desdoblar.

Paso 2

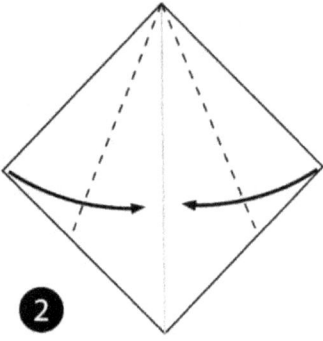

Siguiendo las líneas de puntos, dobla las dos esquinas exteriores para que se junten en el pliegue central.

Paso 3

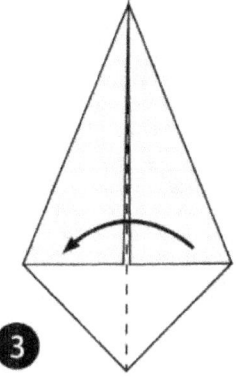

Ahora dobla por la mitad a lo largo de la línea central, como se muestra en la imagen.

Paso 4

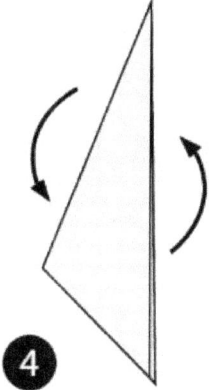

Gira la pieza completa hacia la izquierda, como se muestra, de modo que la punta superior quede apuntada hacia arriba y hacia la izquierda (como en la imagen).

Paso 5

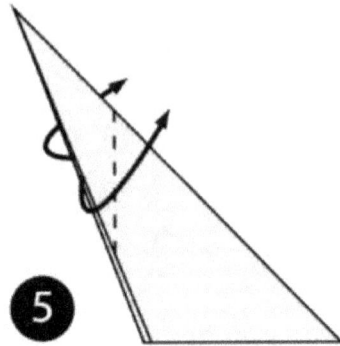

Siguiendo las flechas, dobla la pieza hacia atrás y hacia afuera, comenzando un pliegue de capucha.

Paso 6

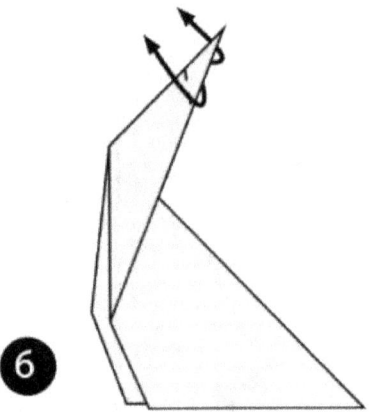

Completa el pliegue de capucha desde arriba, doblando bien.

Paso 7

Ahora haz un pliegue de bolsillo regular en la punta, doblando hacia adentro como se muestra.

Paso 8

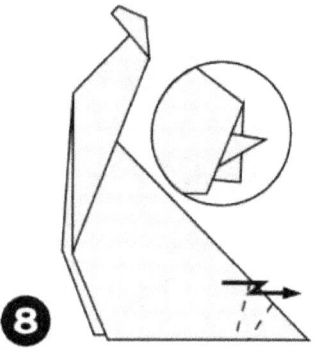

Realiza un pliegue escalonado en la cola como se muestra en la imagen de arriba.

Paso 9

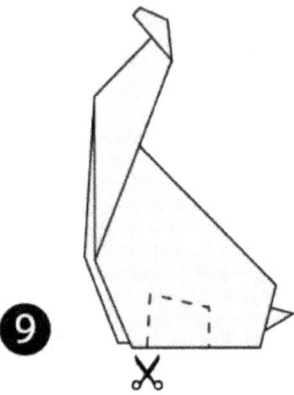

Pídele ayuda a un adulto con esta parte si la necesitas porque usa tijeras. Corta a lo largo de las líneas de puntos que se muestran aquí y retira la pieza que cortaste.

Paso 10

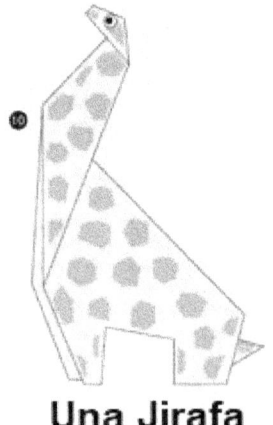

Una Jirafa

Agrega ojos, y manchas (o rayas, o estrellas, o lo que quieras), y tu jirafa está lista para jugar con los otros animales.

Dato curioso: las jirafas son los mamíferos más altos de la Tierra. Sus piernas solas son más altas que la mayoría de las personas con aproximadamente 6 pies de altura. Incluso con sus cuellos muy largos, sus largas piernas hacen que su cuello y su cabeza no puedan alcanzar el suelo cuando se inclinan hacia adelante.

Sabías que... el origami no solo es divertido, también se usa con fines educativos. El plegado de origami puede ayudarte a comprender mejor la geometría, las habilidades de visualización, las fracciones de aprendizaje en matemáticas y la resolución de problemas, ¡solo por mencionar algunos!

Capítulo 19: Ardilla

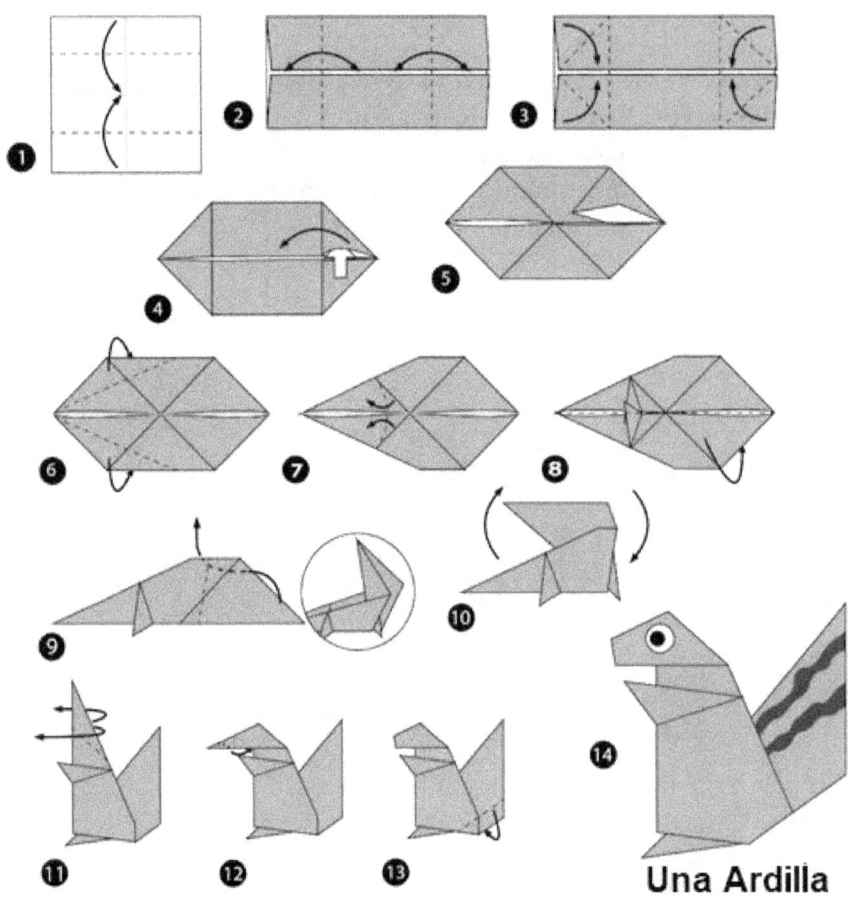

Una Ardilla

Para nuestro último amigo animal, tenemos una pequeña ardilla. Comienza con el papel plano sobre la superficie de trabajo, con el color (o el patrón) hacia abajo, con la forma de un cuadrado. Prepara tu papel doblando por la mitad de arriba a abajo, y de izquierda a derecha, y desdobla. Utiliza estos pliegues como una guía.

Paso 1

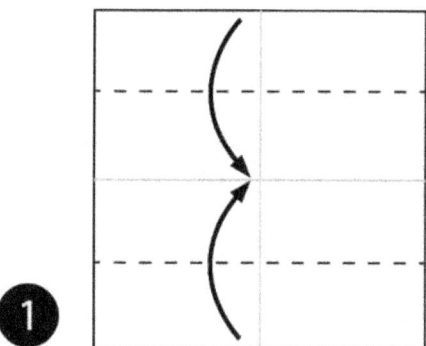

Dobla el borde superior hacia abajo hasta el pliegue central. Dobla el borde inferior hasta el pliegue central, reuniendo con el borde superior en el centro. Dobla bien.

Paso 2

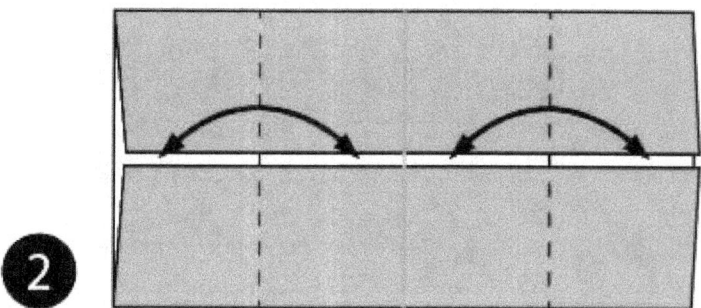

Dobla el borde izquierdo para encontrarlo con el pliegue central. Luego dobla el derecho hacia el pliegue central también, encontrándolo con el borde izquierdo. Dobla bien, y desdobla de nuevo.

Paso 3

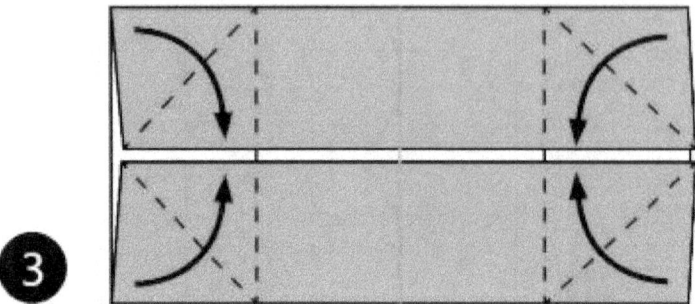

Dobla la esquina superior izquierda hasta la línea central como se muestra en la imagen. Haz lo mismo en las otras tres esquinas restantes.

Paso 4

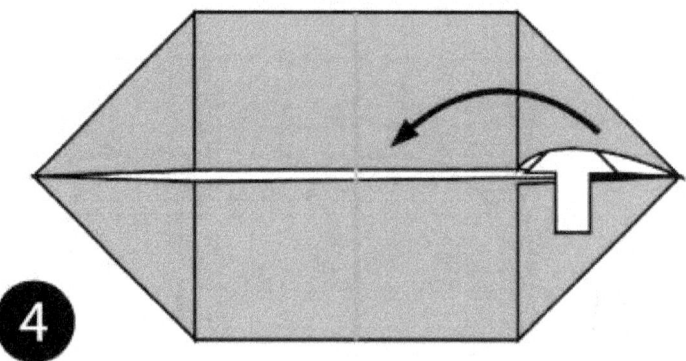

Ahora deberías tener un bolsillo donde está la flecha blanca. Levántalo y aplástalo con un pliegue de calabaza.

Paso 5

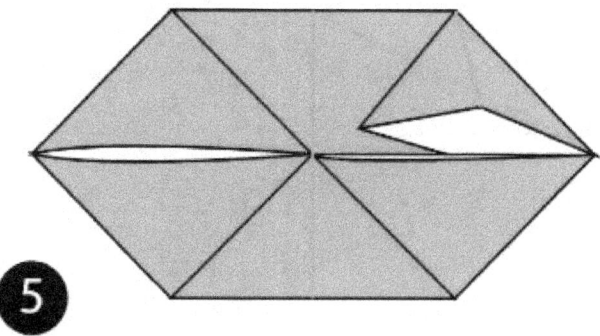

Repite el paso cuatro en los tres bolsillos restantes, como se muestra.

Paso 6

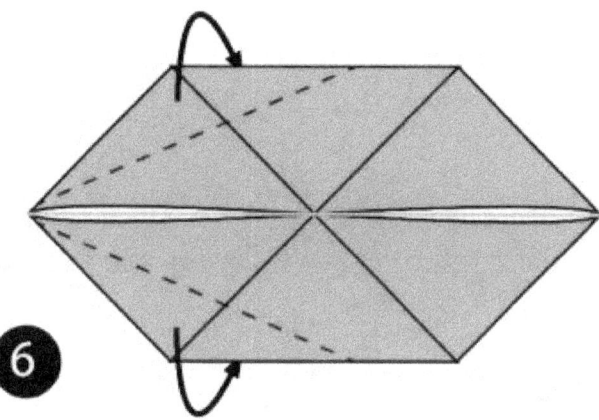

Siguiendo las líneas de puntos, dobla estas dos secciones hacia atrás con un pliegue de montaña.

Paso 7

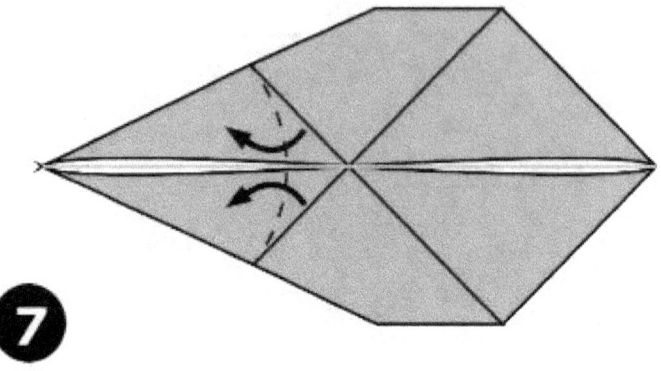

¿Ves las líneas de puntos y las flechas? Dobla hacia adentro a lo largo de las líneas de puntos, de modo que estas áreas se encuentren encajadas.

Paso 8

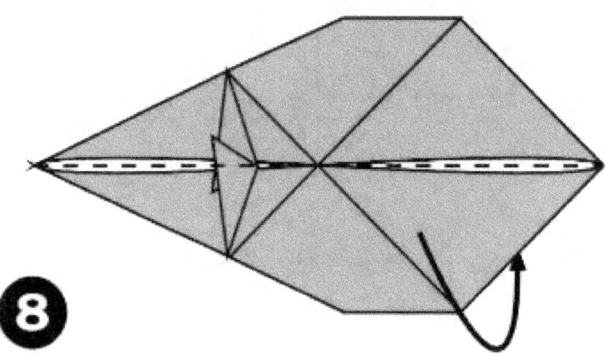

Dobla por la mitad metiendo la parte inferior hacia atrás con un pliegue de montaña, como se muestra por la flecha.

Paso 9

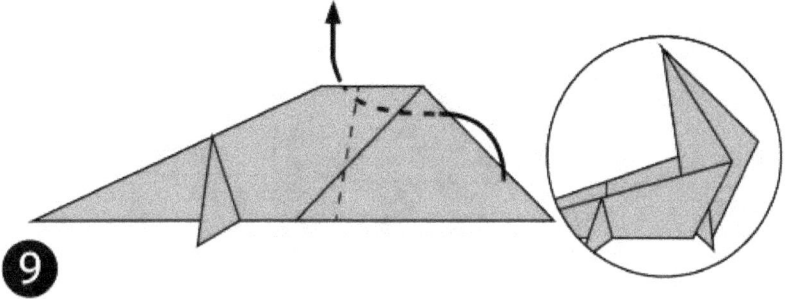

Sigue las líneas de puntos, y dobla hacia adentro, metiendo, usando un pliegue de bolsillo.

Paso 10

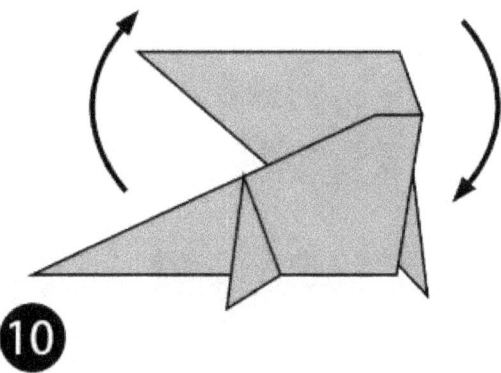

Gira la pieza un poco hacia la derecha, de modo que las puntas de la izquierda estén ahora en la parte superior.

Paso 11

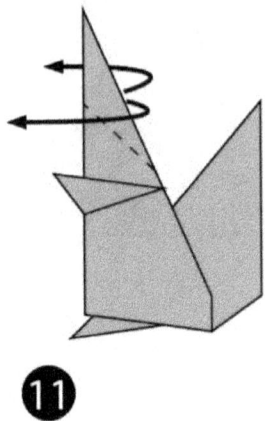

¡Esta parte es complicada, pero puedes hacerlo! Dobla a lo largo de la línea de puntos, yendo hacia adentro y metiendo, y luego aplanando. Este es el pliegue de calabaza otra vez.

Paso 12

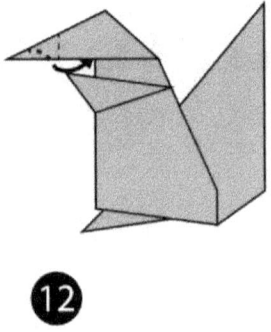

Ahora usa un pliegue hacia adentro donde está la línea de puntos, metiendo la punta dentro.

Paso 13

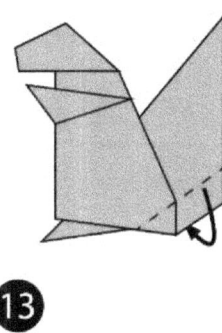

¿Ves la línea de puntos? Dobla a lo largo de la línea de puntos, doblando el borde hacia arriba en el interior.

Paso 14

Una Ardilla

¡Fantástico! Agrega un ojo, algunos detalles de la nariz, algunos bigotes y cualquier otra cosa que desees para que tu ardilla sea única.

Dato curioso: ¡Una ardilla recién nacida mide solo una pulgada de largo!

Sabías que... de acuerdo con una antigua leyenda japonesa, si pliegas mil grullas, recibirás un deseo. ¿Qué piensas? ¿Es esta leyenda cierta? ¿Por qué o por qué no?

¡Te veo pronto!

¡Llegaste hasta el final! Como todas las cosas buenas, esta aventura debe llegar a su fin. ¡Pero no te preocupes! Hay muchas más aventuras por delante. Si aún no lo has hecho, quizás te gustaría unirte a mí en la aventura que inició esta serie, mi primer libro: "Origami para niños: Libro de Instrucciones Fáciles de Origami Japonés para Niños". ¡Hay todo tipo de cosas interesantes en él que puedes aprender a plegar!

Vimos muchos animales en esta aventura. ¿También encontraste algún tesoro mientras leías este libro? ¿Qué aprendiste o descubriste mientras te abrías paso? Hay muchos datos divertidos y sorprendentes sobre los animales y el origami a lo largo de este libro. ¿Pudiste leerlos todos? ¡Yo espero que sí! Si no es así, tómate un tiempo para volver y leer un poco más. ¡Puedes aprender algo realmente interesante o descubrir algo completamente nuevo para ti!

Tal vez descubriste una verdadera pasión por el origami. Tal vez descubriste que te encantan las impresiones de animales, o estás interesado en un tipo específico de animal y te gustaría aprender más sobre él. Tal vez simplemente descubriste el amor por la lectura y el aprendizaje de una forma que no conocías antes. O tal vez lo pasaste bien y ahora pasarás a una experiencia completamente nueva. Cualquiera que sea el caso, ¡espero que hayas disfrutado este viaje!

Puedes hacer casi cualquier cosa de papel. Un vaso de papel, bonitas cajas de regalo, envoltorios, saltando ranas, monederos, carteras, las opciones siguen y siguen.

Si te divertiste y disfrutaste en este libro, házmelo saber dejando un comentario en Amazon. ¡Me encantaría escuchar tus pensamientos!

¡Gracias!

www.ingramcontent.com/pod-product-compliance
Lightning Source LLC
Chambersburg PA
CBHW070953080526
44587CB00015B/2290